GRAMÁTICA DE BOLSILLO

▫ **Gramática**	3
▪ **Comunicación**	31
▪ **Verbos**	47

Carlos Romero Dueñas
Alfredo González Hermoso

Primera edición: 2006

Impreso en España / *Printed in Spain*

© **Edelsa Grupo Didascalia**, S.A. Madrid, 2006
Autores: Carlos Romero Dueñas y Alfredo González Hermoso

Dirección y coordinación editorial: Departamento de Edición de Edelsa
Diseño de cubierta: Departamento de Imagen de Edelsa
Diseño y maquetación de interior: dg Gallego y asociados, S.L.
Imprenta: Lavel

ISBN: 84-7711-610-5
Depósito Legal: M-28447-2006

GRAMÁTICA

Fonética y ortografía	4
Los números	6
El sustantivo	7
El artículo	9
Los demostrativos y los posesivos	10
Los indefinidos y los cuantificadores	11
Los pronombres personales y los interrogativos	12
El adjetivo	13
El adverbio	14
Las preposiciones	16
Ser, Estar, Haber	17
Usos de los tiempos verbales	18
Las perífrasis verbales	21
Las oraciones subordinadas	22
El estilo indirecto en pasado	29
Pasiva y *Se*	30

GRAMÁTICA

FONÉTICA Y ORTOGRAFÍA

ALFABETO

Letra		Nombre de la letra	Pronunciación	Ejemplo
Mayúscula	Minúscula			
A	a	a	[a]	casa
B	b	be	[b]	Bogotá
C	c	ce	[θ] - [k]	Ceuta - Caracas
CH	ch	che	[ĉ]	chocolate
D	d	de	[d]	adiós
E	e	e	[e]	España
F	f	efe	[f]	Francia
G	g	ge	[g] - [x]	gracias - Ángela
H	h	hache	no se pronuncia	hola
I	i	i	[i]	inglés
J	j	jota	[x]	Juan
K	k	ka	[k]	kiosco
L	l	ele	[l]	Lola
LL	ll	elle	[y]	ella
M	m	eme	[m]	Managua
N	n	ene	[n]	encantado
Ñ	ñ	eñe	[ɳ]	niño
O	o	o	[o]	Oviedo
P	p	pe	[p]	Paraguay
Q	q	cu	[k]	Quito
R	r	erre, ere	[r̄] - [r]	correos - para
S	s	ese	[s]	sí
T	t	te	[t]	teléfono
U	u	u	[u]	Uruguay
V	v	uve	[b]	Valencia
W	w	uve doble	[gu] - [b]	whisky - water
X	x	equis	[ks] - [s]	examen - extranjero
Y	y	i griega	[y] - [i]	yo - hay
Z	z	zeta	[θ] o [s]	zapato

OBSERVACIONES

- La letra **H** no se pronuncia.
- Las letras **B** y **V** se pronuncian igual: [b].
- La letra **C + a, o, u** se pronuncia [k].
- La letra **C + e, i** se pronuncia [θ].
- La letra **R** se pronuncia [r̄] a principio de palabra y detrás de las consonantes **s, l, n**. En los demás casos se pronuncia [r].
- Las **RR** se pronuncian [r̄] y van siempre entre vocales.
- La letra **G** se pronuncia [x] delante de **e, i**.
- La letra **GU + e, i** se pronuncia [g]. Se escribe **GÜ** delante de **e, i** para indicar que la **U** se pronuncia: *antigüedad, pingüino*.
- La letra **Q** va siempre con la vocal **u**, y juntas se corresponden con el sonido [k]: *aquí*.
- Las letras **Y** y **LL** se pronuncian igual: [y].
- La letra **Y** se pronuncia [i] si va sola o a final de palabra.

GRAMÁTICA

ACENTUACIÓN

- Normalmente, las palabras terminadas en consonante (excepto **-n** y **-s**) llevan el acento tónico en la última sílaba.
  *pa**pel**, pa**red**, se**ñor***
- Normalmente, las palabras terminadas en vocal, **-n** y **-s** llevan el acento tónico en la penúltima sílaba.
  ***vi**da, **can**tan, re**ga**los*
- De no ser así, llevan un acento escrito (o tilde) en la sílaba donde está el acento tónico.
  *can**tó**, auto**bús**, **án**gel*
- Todas las palabras que tienen el acento tónico en la antepenúltima sílaba llevan tilde en esa sílaba.
  ***mé**dico, **mú**sica, A**mé**rica*

ACENTUACIÓN DE LOS DIPTONGOS

A, E, O = vocales fuertes   **I, U** = vocales débiles

- **Diptongo:** dos vocales juntas en una sílaba.
  a) Vocal fuerte + débil: **ai**-re
  b) Vocal débil + fuerte: **via**-je
  c) Dos vocales débiles: **ciu**-dad
- Hay diptongos con tilde.
  tam-**bién**   cons-**truí**
- Se rompe el diptongo en dos sílabas si la vocal débil tiene el acento. Se pone entonces tilde sobre ella.
  dí-a   **frí**-o

ENTONACIÓN

- La **frase afirmativa** termina hacia abajo.
  Son mis amigos. ↓
- La **frase interrogativa** termina hacia abajo con interrogativo inicial.
  ¿Cómo estás? ↓
- La **frase interrogativa** termina hacia arriba sin interrogativo inicial.
  ¿Vas al cine? ↑
- La **frase exclamativa** sube y baja muy deprisa.
  ¡Muy bien! ↗↘

SIGNOS GRÁFICOS

¿?	→ Los signos de interrogación se ponen al principio y al final de las frases interrogativas. *¿Cómo estás?*
¡!	→ Los signos de exclamación se ponen al principio y al final de las frases exclamativas. *¡Hola, Juan!*

GRAMÁTICA

LOS NÚMEROS

NÚMEROS CARDINALES

0 cero	10 diez	20 veinte	30 treinta
1 uno	11 once	21 veintiuno	31 treinta y uno
2 dos	12 doce	22 veintidós	32 treinta y dos
3 tres	13 trece	23 veintitrés	40 cuarenta
4 cuatro	14 catorce	24 veinticuatro	50 cincuenta
5 cinco	15 quince	25 veinticinco	60 sesenta
6 seis	16 dieciséis	26 veintiséis	70 setenta
7 siete	17 diecisiete	27 veintisiete	80 ochenta
8 ocho	18 dieciocho	28 veintiocho	90 noventa
9 nueve	19 diecinueve	29 veintinueve	100 cien
101 ciento uno	110 ciento diez	111 ciento once	112 ciento doce
200 doscientos	300 trescientos	400 cuatrocientos	500 quinientos
600 seiscientos	700 setecientos	800 ochocientos	900 novecientos
1.000 mil	10.000 diez mil	100.000 cien mil	1.000.000 un millón

OBSERVACIONES

- **Uno** se transforma en **un** delante de un sustantivo masculino: *un chico*.
- Del **16** al **29**, los números se escriben en una sola palabra: *dieciséis*, etc.
- La conjunción **y** se pone entre las decenas y las unidades a partir de treinta: *treinta y cinco, cuarenta y siete, ochenta y nueve*.
- **Cien** solo se usa para referirse al número **100**. En los demás casos se utiliza **ciento**: *cumple cien años. Vale ciento tres euros.*
- Las centenas que van entre los números del **200** al **900** concuerdan con el sustantivo: *trescientas personas, quinientas veinte casas, novecientos dieciocho libros*.
- **Mil** es invariable: *dos mil años*.
- **Millón** se usa en singular para hablar de 1 millón. En los demás casos se usa en plural: *un millón. Tres millones.*

NÚMEROS ORDINALES

1º/1ª primero/a	6º/6ª sexto/a
2º/2ª segundo/a	7º/7ª séptimo/a
3º/3ª tercero/a	8º/8ª octavo/a
4º/4ª cuarto/a	9º/9ª noveno/a
5º/5ª quinto/a	10º/10ª décimo/a

OBSERVACIONES

- **Primero** y **tercero**: delante de un nombre masculino se usa **primer** y **tercer**.
*Vivo en el **primer** piso. Me subo en el **tercer** coche.*

GRAMÁTICA

EL SUSTANTIVO

GÉNERO DE PERSONAS Y ANIMALES

Masculino			Femenino
el camarero el jefe el gato	-o, -e	-a	la camarera la jefa la gata
el director el león	-consonante	+ -a	la directora la leona
el periodista el cantante	-ista -ante	-ista -ante	la periodista la cantante
el actor el príncipe el rey el gallo	terminaciones diferentes		la actriz la princesa la reina la gallina
el hombre el padre el toro	palabras diferentes		la mujer la madre la vaca

GÉNERO DE LAS COSAS

Masculino		Femenino	
-o	el libro, el teléfono, el museo Excepto: la mano, la radio, la foto, al moto...	-a	la mesa, la casa, la silla Excepto: el día, el mapa, el idioma...
-or	el ordenador, el color, el amor Excepto: la flor	-ción -sión	la información la televisión
-aje	el viaje, el garaje	-dad -tad	la ciudad la amistad
-ema	el tema, el problema Excepto: la crema	-tud -umbre -ez	la juventud la costumbre la vejez

NÚMERO

Singular		Plural	
la casa	-vocal	+ -s	las casas
el papel	-consonante	+ -es	los papeles Excepto: el jersey / los jerséis
el martes el paraguas	-s	no cambia	los martes los paraguas Excepto: el mes / los meses, el país / los países
el pez	-z	-z > -ces	los peces

OBSERVACIONES

- Algunos sustantivos solo van en plural: *las tijeras, las gafas...*
- Algunos sustantivos solo tienen singular: *la sed, el hambre...*
- Los sustantivos terminados en **-í** y en **-ú** también pueden formar el plural añadiendo **-es**:
  esquí > esquís / esquíes   bambú > bambús / bambúes
  Excepto: *menú (menús)* y *champú (champús)*
- El plural masculino comprende a veces a los dos géneros: *los padres (padre + madre), los hijos, los estudiantes...*

GRAMÁTICA

SUFIJOS PARA FORMAR SUSTANTIVOS A PARTIR DE VERBOS			SUFIJOS PARA FORMAR SUSTANTIVOS A PARTIR DE ADJETIVOS		
Verbos	Sufijos	Sustantivos	Adjetivos	Sufijos	Sustantivos
contaminar	-ción	contaminación	gentil	-eza	gentileza
proteger	-cción	protección	pequeño	-ez	pequeñez
extender	-sión	extensión	inteligente	-encia	inteligencia
calentar	-miento	calentamiento	urgente	-encia	urgencia
desembocar	-dura	desembocadura	ecológico	-ía	ecología
abundar	-ancia	abundancia	indignante	-ción	indignación
convivir	-encia	convivencia	dulce	-ura	dulzura
limpiar	-eza	limpieza	grave	-dad	gravedad
reciclar	-aje	reciclaje	lento	-ud	lentitud

FORMACIÓN DE CONTRARIOS

Prefijos	Sustantivos	Adjetivos
Des-	acuerdo / desacuerdo esperanza / desesperanza	contento / descontento agradable / desagradable
In- Este prefijo puede adoptar varias formas: **Im-** (Cuando la palabra empieza por **b-** o **p-**) **Ir-** (Cuando la palabra empieza por **r-**) **I-** (Cuando la palabra empieza por **l-**)	justicia / injusticia prudencia / imprudencia responsabilidad / irresponsabilidad legalidad / ilegalidad	justo / injusto prudente / imprudente responsable / irresponsable legal / ilegal

FORMACIÓN DE LOS DIMINUTIVOS

→ Las palabras terminadas en **-a** y **-o** pierden la vocal y añaden **-ito** / **-ita**.
 maleta > maletita
→ Las palabras terminadas en **consonante** (excepto -n y -r) añaden **-ito** / **-ita**.
 árbol > arbolito
→ Las palabras terminadas en **-e**, **-n** y **-r** añaden **-cito** / **-cita**.
 coche > cochecito
→ Las palabras de **una sílaba** añaden **-ecito** / **-ecita**.
 flor > florecita

OBSERVACIONES

- Los diminutivos dan a las palabras un valor **afectivo** (positivo o negativo).
 ¡Cómo pesa esta maletita!
- A veces el diminutivo acabado en **-illo** / **-illa** cambia el significado de la palabra.
 ventana > ventanilla (de un vehículo) *mesa > mesilla* (de noche).

GRAMÁTICA

EL ARTÍCULO

ARTÍCULO DETERMINADO

	Singular	Plural
Masculino	el	los
Femenino	la	las

ARTÍCULO INDETERMINADO

	Singular	Plural
Masculino	un	unos
Femenino	una	unas

CONTRACCIONES

A + EL = **AL**	Te presento ~~a el~~ director al
DE + EL = **DEL**	Es el jefe ~~de el~~ Departamento del

CAMBIO DEL ARTÍCULO

→ **el / un** en lugar de **la / una** + sustantivos femeninos en singular que empiezan por **a** o **ha** acentuada: *el aula, un hacha...*
→ Pero: *las aulas, unas hachas...*

Usos del artículo determinado

→ Cuando hablamos de algo conocido.
La profesora es muy simpática.
→ Con **señor / señora** + apellido.
El señor Fernández.
Excepto cuando hablamos directamente con la persona.
Encantado, señor Fernández.
→ Cuando hablamos de cosas únicas.
El sol.
El hijo de Mónica. (Solo tiene un hijo).
→ Para hablar de algo en sentido general.
Los periódicos informan del tiempo.
(Todos los periódicos).
→ Con valor posesivo para nombrar las partes del cuerpo u objetos que nos pertenecen.
El alumno levantó la mano.
Se puso el abrigo.
→ Con los verbos *gustar* y *encantar*.
Me gusta el nuevo presidente.
→ Con el verbo *estar*.
Ahí está el libro.

Usos del artículo indeterminado

→ Cuando hablamos de algo por primera vez.
Tengo un profesor y una profesora.
→ Cuando hablamos de cantidad:
  a) Con nombres contables en singular = 1
  Necesito un sobre.
  b) Con nombres contables en plural = más de 1
  Necesito unos sobres.
→ Cuando hablamos de algo como parte de un grupo o clase.
Mónica tiene un hijo abogado.
(Tiene más hijos).
→ Con el verbo *haber* para hablar de la existencia de algo.
Hay un despacho para ti en esta oficina.
→ Frecuentemente con el verbo *tener*.
Tengo un coche nuevo.

ARTÍCULO NEUTRO LO

Lo + adjetivo Sirve para marcar una cualidad de algo.	*Lo divertido de la película es el final.*

GRAMÁTICA

LOS DEMOSTRATIVOS Y LOS POSESIVOS

DEMOSTRATIVOS

Situación en el espacio	Masculino		Femenino		Neutro
	Singular	Plural	Singular	Plural	
Cerca del hablante	este	estos	esta	estas	esto
Ni cerca ni lejos	ese	esos	esa	esas	eso
Lejos del hablante	aquel	aquellos	aquella	aquellas	aquello

OBSERVACIONES

- Los demostrativos masculinos y femeninos pueden ir delante del sustantivo.
  Me gusta este coche. *No me gustan esas bicicletas.*
- También pueden referirse al sustantivo sin acompañarlo.
  Me gusta este. *No me gustan esas.*
- Los demostrativos neutros nunca van delante del sustantivo.
  ¿Qué es esto? *¿Cómo se dice eso en español?*

POSESIVOS

Átonos

		Un poseedor			Varios poseedores		
Masculino	Singular	mi	tu	su	nuestro	vuestro	su
	Plural	mis	tus	sus	nuestros	vuestros	sus
Femenino	Singular	mi	tu	su	nuestra	vuestra	su
	Plural	mis	tus	sus	nuestras	vuestras	sus

Tónicos

Masculino	Singular	mío	tuyo	suyo	nuestro	vuestro	suyo
	Plural	míos	tuyos	suyos	nuestros	vuestros	suyos
Femenino	Singular	mía	tuya	suya	nuestra	vuestra	suya
	Plural	mías	tuyas	suyas	nuestras	vuestras	suyas

OBSERVACIONES

- **Posesivos átonos**: siempre van delante del sustantivo.
  Vamos en mi coche.
- **Posesivos tónicos (pueden ir):**
  - Detrás del sustantivo.
    Esta es Sonia, una amiga mía.
  - Detrás del verbo.
    ¿Este coche es tuyo?
  - Detrás del artículo determinado.
    Este no es mi coche, el mío es azul.

GRAMÁTICA

LOS INDEFINIDOS Y LOS CUANTIFICADORES

INDEFINIDOS

Para seleccionar cosas o personas	Para hablar de la existencia o inexistencia de personas y cosas
Alguno (algún), -a, -os, -as Una o varias personas o cosas de un conjunto. *Necesito algún bolígrafo.* **Ninguno (ningún), -a, -os, -as** Cero personas o cosas de un conjunto. *No tengo ningún libro.* **Todos, -as** Un conjunto entero de personas o cosas. *Quiero todos los ordenadores.* (Entre **todos, -as** y el sustantivo es obligatorio otro determinante). **Otro, -a, -os, -as** Varias personas o cosas diferentes pero del mismo tipo. *No me gusta este trabajo, quiero otro mejor.*	**Alguien** = Alguna persona. *¿Hay alguien en casa?* **Nadie** = Ninguna persona. *No hay nadie en casa.* **Todo** = Todas las cosas. *Está todo en la maleta.* **Algo** = Alguna cosa. *Tengo algo en el bolsillo.* **Nada** = Ninguna cosa. *No tengo nada en la nevera.*

DOBLE NEGACIÓN

No + verbo + **ninguno** (ningún, -a, -os, -as), **nadie**, **nada**.
Ninguno lo sabe / No lo sabe ninguno.
Nadie quiere hacerlo / No quiere hacerlo nadie.
Nada te gusta / No te gusta nada.

CUANTIFICADORES

Mucho, -a, -os, -as Una gran cantidad **Poco, -a, -os, -as** Una pequeña cantidad **Demasiado, -a, -os, -as** Más cantidad de la necesaria **Bastante, -es / Suficiente, -es** La cantidad necesaria **Más** Mayor cantidad **Menos** Menor cantidad	+ sustantivo singular no contable	*Quiero mucha agua.* *Tengo poco pan.* *Me has puesto demasiada paella.* *¿Hay bastante leche para todos?* *¿Quiere más azúcar?* *Me gusta con menos sal.*
	+ sustantivo plural	*Tengo muchas amigas.* *Faltan pocos minutos.* *Comes demasiados caramelos.* *¿Hay bastantes patatas para todos?* *¿Quieres más galletas?* *Ahora quedan menos alumnos.*

OBSERVACIONES

Poco, -a, -os, -as / Un poco de (invariable)
Los dos indican cantidad pequeña, pero con **poco** se insiste en que es insuficiente y con **un poco de** damos importancia a lo que sí hay.
Queda poca paella. No hay suficiente para todos.
Todavía queda un poco de paella. Podemos compartirla.

GRAMÁTICA

LOS PRONOMBRES PERSONALES Y LOS INTERROGATIVOS

PRONOMBRES PERSONALES

Sujeto	Reflexivo	Complemento con preposición	Complemento sin preposición	
yo	me	mí	me	
tú	te	ti	te	
			Directo	**Indirecto**
él, ella, usted	se	él, ella, usted	le, lo, la	le (se)
nosotros, nosotras	nos	nosotros, nosotras	nos	
vosotros, vosotras	os	vosotros, vosotras	os	
ellos, ellas, ustedes	se	ellos, ellas, ustedes	les, los, las	les (se)

OBSERVACIONES

- El uso de **los pronombres sujeto** no es obligatorio en español. Se usan cuando queremos distinguir entre sujetos. *¿A qué os dedicáis? - Yo soy médico. - Y yo soy estudiante.*
- En algunos países de América Latina se usa **vos** en lugar de **tú**. Y **ustedes** en lugar de **vosotros**.
- Con la preposición **con** los pronombres de complemento de las dos primeras personas son **conmigo** y **contigo**.
- Con las preposiciones **entre, según, excepto, menos, salvo** se usan **yo** y **tú** en lugar de **mí** y **ti**.
- Los pronombres personales de complemento directo e indirecto y los reflexivos **van delante** del verbo conjugado. *¿Cómo se llama? No lo sé.*
- Con **infinitivo** y **gerundio** pueden ir delante o detrás de estas formas formando una sola palabra. *La voy a ver / Voy a verla.* *Se está lavando / Está lavándose.*
- Con el **Imperativo**:
  — Van siempre detrás formando una sola palabra con el verbo: *Cómpralo.*
  — Si hay dos pronombres, primero va el reflexivo y después los de complemento: *Póntelo.*
  — Desaparece la **-d** final de la 2ª persona de plural cuando sigue el pronombre **os**: sentad + os = sentaos.
  — En el Imperativo negativo los pronombres siempre van delante: *Hazlo > No lo hagas.*
- El pronombre **se** sustituye a **le** o **les** en combinación con pronombres de complemento directo. *Le he dado a ella la entrada. Le he dado la entrada. Se la he dado.*
- El orden de los pronombres es siempre **CI + CD**, tanto si van delante del verbo como si van detrás. *Explícamelo.* *No me lo expliques.*

VERBOS RECÍPROCOS

Sujeto plural	Pronombres	Verbos
nosotros	nos	*conocimos, dimos la mano...*
vosotros	os	*conocisteis, disteis la mano...*
ellos / ellas / ustedes	se	*conocieron, dieron la mano...*

PRONOMBRES INTERROGATIVOS

Para preguntar sobre:	Interrogativo	Ejemplo
Personas	¿Quién? ¿Quiénes?	*¿Quién eres?*
Cosas	¿Qué?	*¿A qué se dedica?*
Personas y cosas (de un grupo conocido)	¿Cuál? ¿Cuáles?	*¿Cuál es tu dirección?*
El lugar	¿Dónde?	*¿De dónde eres?*
El modo, la manera	¿Cómo?	*¿Cómo se va a la farmacia?*
El tiempo	¿Cuándo?	*¿Cuándo abren las tiendas?*
La cantidad	¿Cuánto, a, os, as?	*¿Cuánto vale este coche?*

GRAMÁTICA

EL ADJETIVO

GÉNERO DE LOS ADJETIVOS CALIFICATIVOS

Masculino		Femenino	
pequeño	-o	-a	*pequeña*
grande	-e	No cambian	*grande*
fácil	-consonante		*fácil*
trabajador	-or	+ -a	*trabajadora*

GÉNERO DE LOS ADJETIVOS DE NACIONALIDAD

Masculino		Femenino	
argentino	-o	-a	*argentina*
español	-consonante	+ -a	*española*
belga			*belga*
nicaragüense	-a, -e, -í, -ú	No cambian	*nicaragüense*
marroquí			*marroquí*
hindú			*hindú*

NÚMERO

Singular		Plural	
interesante	-vocal	+ -s	*interesantes*
trabajador	-consonante	+ -es	*trabajadores*
feliz	-z	-z > -ces	*felices*

APÓCOPE

Algunos adjetivos pierden la última vocal delante de un sustantivo masculino singular.	Es un escritor **bueno**. Tiene un día **malo**. **Primero** publicó un relato. Vive en el piso **tercero**.	Es un **buen** escritor. Tiene un **mal** día. Publicó un **primer** relato. Vive en el **tercer** piso.
Algunos adjetivos también la pierden delante de un sustantivo masculino o femenino singular.	Es un día **grande**. Hizo una obra **grande**.	Es un **gran** día. Hizo una **gran** obra.
Se escribe **cien** delante de sustantivos y del número **mil**. En los demás casos, se escribe **ciento**.	El diez por **ciento**. **Ciento** treinta y dos.	Hay **cien** hombres. **Cien** mil doscientos.

COMPARATIVOS

Regulares

+	**más... que**	La falda es **más** cara **que** el jersey.
–	**menos... que**	La bufanda es **menos** elegante **que** la corbata.
=	**tan... como** **tanto como** **igual de... que** (coloquial)	Este zapato es **tan** grande **como** ese. Este me gusta **tanto como** ese. Este zapato es **igual de** grande **que** ese.

Irregulares

más bueno que = **mejor que**	Esta camisa es **mejor que** aquella.
más malo que = **peor que**	El algodón es **peor que** la lana.

SUPERLATIVOS

Adjetivo + la terminación **-ísimo / a**	Esta corbata es *cara* > Esta corbata es **carísima**.
Significa lo mismo que **muy** + adjetivo	Esta corbata es **carísima** = Esta corbata es **muy** *cara*.

GRAMÁTICA

EL ADVERBIO

ADVERBIOS DE LUGAR

Adverbios	Significado
Aquí	en este lugar
Ahí	es ese lugar
Allí / allá	en aquel lugar
Encima	en un lugar superior respecto a otro
Debajo	en un lugar inferior respecto a otro
Arriba	en un lugar superior
Abajo	en un lugar inferior
Delante	en un lugar anterior respecto a otro
Detrás	en un lugar posterior respecto a otro

ADVERBIOS DE TIEMPO

Adverbios	Significado
Antes	anterioridad en el tiempo
Después / luego	posterioridad en el tiempo
Siempre	en todo tiempo
Nunca	en ningún tiempo
Pronto	rápidamente
Tarde	después del momento oportuno
Ahora	en este momento
Hoy	en el día actual
Ayer	en el día anterior a hoy
Anteayer	en el día anterior a ayer
Mañana	en el día posterior a hoy
Anoche	en la noche de ayer
Anteanoche	en la noche de anteayer

ADVERBIOS DE CANTIDAD

Adverbio	Significado	Posición	Ejemplo
Nada	Cantidad nula	no + verbo + nada	*Este libro no me gusta nada.*
Poco	Cantidad insuficiente	verbo + **poco** **poco** + adjetivo **un poco** + adverbio	*Come **poco**.* *Es **poco** inteligente.* *Vive **un poco** lejos.*
Bastante	Cantidad considerable	verbo + **bastante** **bastante** + adjetivo **bastante** + adverbio	*Habla **bastante** en clase.* *Son **bastante** viejos.* *Está **bastante** bien.*
Muy	Gran cantidad	**muy** + adjetivo **muy** + adverbio	*Es **muy** listo.* *Va **muy** deprisa.*
Mucho		verbo + **mucho**	*Come **mucho**.*
Demasiado	Cantidad excesiva	verbo + **demasiado** **demasiado** + adjetivo **demasiado** + adverbio	*Fuma **demasiado**.* *Es **demasiado** joven.* *Llegas **demasiado** tarde.*

ADVERBIOS DE AFIRMACIÓN Y NEGACIÓN

Adverbio	Significado	Ejemplo
Sí	Afirmar	- *¿Vas a venir mañana?* - ***Sí**.*
No	Negar	- *¿Vas a venir mañana?* - ***No**, no puedo.*
También	Expresar acuerdo	- *Voy a ir a Bilbao.* - *Yo **también**.*
Tampoco		- *No me gusta viajar.* - *A mí **tampoco**.*
Sí	Expresar desacuerdo	- *A mí no me gusta salir.* - *A mí **sí**.*
No		- *Prefiero vivir en una ciudad.* - *Yo **no**.*

GRAMÁTICA

ADVERBIOS DE MODO		
Adverbio	Significado	Ejemplo
Así	De esta manera	*Ponte los zapatos **así**, es más fácil.*
Deprisa	Con rapidez	*Vístete **deprisa**, que llegamos tarde.*
Despacio	Poco a poco, lento	*Caminas muy **despacio**, no vamos a llegar nunca.*

ADVERBIOS DE MODO ACABADOS EN -*MENTE*

Adverbio femenino singular + -*mente* = adverbio

rápida + mente = rápidamente
feliz + mente = felizmente
inteligente + mente = inteligentemente

Pero: bueno ⟶ bien

malo ⟶ mal

OBSERVACIONES

- Algunos adverbios tienen la misma forma que los adjetivos.
  Alto (volumen de ruido): *No te oigo, habla **alto***.

GRAMÁTICA

LAS PREPOSICIONES

LAS PREPOSICIONES

Preposición	Significado	Ejemplo
A	Destino Hora	*Voy **a** tu despacho ahora mismo.* *Entro **a** las 7 y salgo **a** las 3.*
Con	Compañía	*Vive **con** unos amigos.*
De	Origen en el espacio Con el verbo VENIR Origen en el tiempo	*Es **de** Honduras.* *Viene **de** París.* *Trabajo **de** 8 a 3.*
En	Posición en un lugar Medio de transporte Tiempo	*La leche está **en** la nevera.* *Me gusta ir **en** avión, pero no **en** barco.* *Nací **en** 1964, **en** julio.*
Para	Dirección Objetivo, finalidad	*Este tren no va **para** Madrid.* *Vengo **para** estudiar contigo.*
Por	Recorrido Medio Causa	*Pasea **por** el parque todos los días.* *Te mando el plano **por** correo electrónico.* *Murió **por** amor.*

CONTRASTE *POR* Y *PARA*

POR	PARA
Por + causa Expresa la causa o el motivo de una acción. *Volvimos antes **por** los turistas que había.* **Por** + lugar Expresa el lugar a través del cual se hace un ovimiento. *Salió **por** la puerta de atrás de la agencia.* Expresa localización indeterminada en el espacio. *Hemos dado una vuelta **por** el centro de la ciudad.* **Por** + fecha Expresa localización aproximada en el tiempo. *Vendremos a verte **por** Semana Santa.* **Por** + persona Expresa la sustitución de una persona por otra. *Como yo no puedo ir a la entrevista, irá Carlos **por** mí.* **Por** + precio Expresa el precio que se paga por una cosa. ***Por** poco dinero se puede disfrutar de una semana.* **Por** + medio Expresa el canal por el que se hace algo. *Compran los billetes de avión **por** Internet.* **Estar por** Con sujeto de persona expresa intención. ***Estoy por** irme de vacaciones a Cádiz.* Con sujeto «no persona» significa «sin». *Las paredes **están por** pintar.*	**Para** + finalidad o propósito Expresa la finalidad de una acción. *Venimos **para** hablar contigo.* **Para** + lugar Expresa el lugar hacia donde se va. *Voy **para** la academia a estudiar.* **Para** + fecha Expresa el plazo para que ocurra un acontecimiento. *La casa estará terminada **para** el 2012.* **Para** + persona Expresa el destinatario de una acción. *Este sobre es **para** el director.* **Para** + opinión Expresa la opinión de una persona. ***Para** mí no tienes razón.* **No estar para** Expresa la inconveniencia o inoportunidad de algo. *Ahora **no estoy para** fiestas. Estoy enfadado.*

GRAMÁTICA

SER, ESTAR, HABER

HAY	ESTÁ(N)
→ Para hablar de la existencia de algo o alguien: *Hay un perro en la puerta de casa.* *¿Dónde hay una panadería, por favor?*	→ Para localizar en un lugar algo o a alguien: *El restaurante López está al final de la calle.* *¿Dónde están Lidia y Miguel?*
→ **Hay** + artículos indeterminados (un, una, unos, unas). *Hay una farmacia en esta plaza.* → **Hay** + sustantivo contable o no contable. *Hay estrellas.* *Hay gente.* → **Hay** + numerales cardinales (uno, dos, tres...). *Hay cuatro sillas.* → **Hay** + cuantificadores (mucho, poco, bastante, más, menos). *Hay muchas estrellas.* *¿Hay más platos?* → **Hay** + indefinidos (alguno, ninguno, otros, alguien, algo...). *No hay nada.* *¿Hay alguien?*	→ **Está(n)** + artículos indeterminados (el, la, los, las). *¿Dónde está la farmacia?* → **Está(n)** + nombres propios de personas. *¿Está Marta en casa?* → **Está(n)** + posesivos (mi, tu, nuestro...). *No están mis hijos en casa.* → **Está(n)** + todo, toda, todos, todas. *Ya están todos en casa.*

USOS DE *SER*	USOS DE *ESTAR*
→ Identificarse a sí mismo. *Hola, Mercedes. Soy Marcos.*	→ Expresar estados físicos y de ánimo. *Estoy cansada.*
→ Identificar a una persona o cosa. *Esta es Rosana, la amiga de la que te hablé.*	→ Expresar estados o circunstancias. *La exposición está cerrada de 2 a 4.*
→ Indicar nacionalidad / origen. *John es canadiense.*	→ Indicar una actividad laboral temporal de una persona. *Yo estoy de camarera durante el verano.*
→ Informar sobre el material. *Esta mesa es de cristal.*	→ Valorar los alimentos consumidos. *Esta merluza está muy buena.*
→ Describir personas o cosas objetivamente. *Yo creo que la exposición será interesante.*	→ Describir a una persona subjetivamente. *Oye, estás guapísima con ese sombrero.*
→ Localización en el tiempo. *Mañana será la inauguración.*	→ Localización en el espacio. *- ¿Dónde está la Biblioteca Nacional?* *- En el Paseo de Recoletos.*
→ Informar de dónde ocurre un suceso. *¿Dónde es la fiesta?*	→ Expresar lo que alguien hace en el momento de hablar (ESTAR + gerundio). *Estamos esperando a Juan, pero se retrasa.*
→ Justificarse (ES QUE...) *- ¿Vienes? - No puedo, es que he quedado.*	
→ Expresar posesión. *¿Esta es tu casa? - No, es de Mercedes*	

GRAMÁTICA

USOS DE LOS TIEMPOS VERBALES

USOS DEL PRESENTE DE INDICATIVO

- Pedir o dar información general sobre el presente.
  Soy Ana.
  ¿Estudias o trabajas?
- Expresar acciones habituales o frecuentes.
  Normalmente trabajo de 4 a 9 de la noche.
  Siempre ceno en casa.
- Expresar verdades universales.
  El día tiene 24 horas.
- Expresar acciones futuras.
  Mañana ceno con una amiga.
  La próxima semana termina el curso.
- Expresar el futuro inmediato.
  Ya voy.
- Dar instrucciones y órdenes.
  Primero limpias el baño, después pasas la aspiradora.
- Referirnos al pasado histórico.
  Cervantes publica el Quijote *en 1605.*
- Expresar la condición con valor actual.
  Si me lo pregunta, es porque no lo sabe.
- Expresar la condición con valor de futuro.
  Si vienes conmigo, te doy un regalo.

USOS DE LOS PRETÉRITOS DE INDICATIVO

Pretérito Perfecto	Para contar hechos pasados dentro de una unidad de tiempo no terminada. Suele ir acompañado de expresiones como *hoy, este mes, este año...*	*He ido esta semana.*
	Para contar hechos pasados muy recientes.	*Te lo he dicho antes.*
	Para explicar que ha ocurrido un hecho esperado. Va precedido de la palabra *ya*.	*Ya he terminado los ejercicios.*
	Para hablar de experiencias y actividades pasadas sin especificar cuándo se realizaron.	*¿Has estado alguna vez en España?*
Pretérito Indefinido	Para contar acontecimientos pasados. Suele utilizarse con expresiones como *ayer, la semana pasada, el año pasado...*	*Me pusieron una multa el domingo pasado.*
Pretérito Imperfecto	Para describir la situación en la que se produce un acontecimiento.	*Salía de mi casa y me encontré con ella.*
	Para hablar de la intención de realizar una acción. Perífrasis IR + infinitivo.	*Iba a parar, pero he seguido.*
	Para describir algo o a alguien del pasado.	*Mi casa era pequeña. Entonces yo tenía diez años.*
	Para describir algo habitual o cíclico del pasado.	*Iba todos los días a la universidad.*
	Para solicitar una acción o pedir algo de forma cortés.	*Quería un café con leche, por favor.*
Pretérito Pluscuamperfecto	Para contar un acontecimiento pasado anterior a otra información también pasada.	*Estaba muy cansado porque había conducido todo el día.*

GRAMÁTICA

USOS DEL FUTURO

Futuro Imperfecto (o Simple)	Futuro Perfecto (o Compuesto)
→ Expresa una acción futura con relación al momento presente. *Llegará mañana por la noche.* → Expresa una duda o una probabilidad en el presente. *No quiere irse. Estará feliz allí.*	→ Expresa una acción futura con relación al momento presente y además indica anterioridad a otra acción. *Dentro de dos años habré terminado la carrera.* → Expresar una probabilidad o hipótesis para intentar explicar algo sucedido en un pasado cercano. *Hace dos horas que le espero, habrá tenido un problema.*

USOS DEL CONDICIONAL

Condicional Imperfecto (o Simple)	Condicional Perfecto (o Compuesto)
→ Expresa cortesía. *¿Podrías venir un momento, por favor?* → Expresa sugerencia (con los verbos *deber* y *poder*). *Deberías visitar a tu abuela.* → Expresa probabilidad en el pasado. *Serían las diez cuando llamó por teléfono.* → Expresa futuro del pasado. *Dijiste que llamarías y no has llamado.* → Se utiliza en las oraciones condicionales que expresan acciones poco probables o imposibles. *Si me tocara la lotería, me compraría una casa nueva.*	→ Expresa duda o probabilidad en el pasado (anterior a otro pasado). *No estuvieron en casa durante el verano, supongo que habrían salido de viaje.* Se corresponde con el Pretérito Pluscuamperfecto de Indicativo. Si el hablante está seguro de la información, dice: *No estuvieron en casa durante el verano, es que habían salido de viaje.* → Se utiliza en las oraciones condicionales que expresan acciones imposibles o irreales. *Si hubieras llamado antes, te lo habría dicho.*

USOS DEL IMPERATIVO

→ Algunas formas fijas del Imperativo sirven para:
  a) Llamar la atención del que nos escucha.
     Oye, ¿qué hora es, por favor?
     Perdona, ¿puedes ayudarme?
  b) Dar ánimos.
     Venga, vamos, tú puedes ganar el partido.
  c) Expresar que algo no se cree.
     ¡Venga ya! Eso es imposible.
  d) Expresar sorpresa.
     ¡Anda! ¿Tú qué haces aquí?
  e) Reñir.
     ¡Pero oiga! ¿Por qué me empuja?

→ Para rogar o pedir algo.
  Camarero, póngame un café, por favor.
→ Dar instrucciones.
  Siga todo recto y después gire a la izquierda.
→ Sugerir y aconsejar.
  Ponte el abrigo, que hace frío.
→ Ofrecer.
  Yo ya he leído este libro, llévatelo.
→ Dar órdenes.
  Ven aquí ahora mismo.
→ Para expresar la condición.
  Si necesitas algo, llámame.

GRAMÁTICA

USOS DEL PRESENTE DE SUBJUNTIVO

- Expresar deseo.
  *¡Ojalá (que) **venga** pronto!*
  *No quiero que **llegues** tarde.*
- Expresar duda.
  *Quizás **quede** alguna entrada.*
- Expresar gustos.
  *Me gusta que me **preparen** la comida.*
- Para expresar estados de ánimo: alegría, pena, indiferencia, extrañeza, sorpresa...
  *Me alegro de que **estés** aquí.*
  *Me da pena que te **quedes** sola.*
  *No me importa que **gane** tu equipo.*
  *Es extraño que María no **llame**.*
  *Me sorprende que **haga** esas cosas.*
- Ofrecer ayuda o un servicio.
  *¿Quieres que te **acompañe** al médico?*
- Pedir permiso.
  *¿Le importa que **cierre** la puerta?*
- Expresar hipótesis sobre el futuro.
  *Es probable que **lleguen** mañana.*
- Expresar una opinión negativa.
  *No creo que **llame** hoy.*
- Valorar hechos o situaciones.
  *A mí me parece un error que **salgan** de noche.*
- Expresar finalidad.
  *Te lo digo para que lo **sepas**.*
- En las oraciones de relativo con antecedente no conocido ni específico.
  *Busco una farmacia que **esté** abierta las 24 horas.*
- En las oraciones temporales para hablar de una acción futura.
  *Cuando **vuelva** a casa nos lo contará todo.*
- En oraciones condicionales que no lleven el conector SI.
  *Hablaré contigo siempre y cuando te **tranquilices**.*
- En las oraciones causales donde se rechaza una causa para explicar el verdadero motivo.
  *Viene no porque **quiera**, sino porque le obligan.*

USOS DEL PRETÉRITO IMPERFECTO DE SUBJUNTIVO

- En las oraciones donde se utiliza el Subjuntivo para expresar acciones pasadas.
  Me alegro de que dejaras por fin el trabajo.
  (presente)   (pasado)
  Me alegré de que dejaras por fin el trabajo.
  (pasado)   (pasado)

- Se utiliza en las oraciones condicionales que expresan acciones poco probables o imposibles.
  *Si me **tocara** la lotería, me compraría una casa nueva.*

USOS DEL PRETÉRITO PLUSCUAMPERFECTO DE SUBJUNTIVO

- Su uso es similar al Pretérito Imperfecto de Subjuntivo, pero se refiere a una acción que se expresa como anterior a otra pasada.
  *Me alegré de que **hubieras dejado** por fin aquel trabajo.*

- Se utiliza en las oraciones condicionales que expresan deseos imposibles porque se refiere a una acción pasada y terminada.
  *Me habría gustado que no le **hubiera pasado** nada.*
  (deseo imposible, porque ya ha pasado).

GRAMÁTICA

LAS PERÍFRASIS VERBALES

Perífrasis	Significado	Ejemplo
Tener que + infinitivo	Expresa obligación o necesidad personal.	*El semáforo está en rojo, **tengo que** parar.* *Vamos a salir, **tenemos que** comprar.*
Deber + infinitivo		***Deben** pagar la luz y el teléfono.*
Hay que + infinitivo	Expresa una obligación o necesidad de forma impersonal.	***Hay que** respetar las señales de tráfico.*
Querer + infinitivo	Expresa voluntad y proyectos. Sirve para hacer propuestas.	*Mañana **queremos** ir de excursión.* *¿**Quieres** salir el fin de semana?*
Ir a + infinitivo	Expresa planes y futuro.	***Voy a** salir de viaje.* *Hay nubes negras, **va a** llover.*
Estar a punto de + infinitivo	Expresa la inminencia de realizarse una acción.	***Ha estado a punto de** caerse a la piscina.*
Empezar a + infinitivo	Expresa el momento inicial de una acción.	***He empezado a** conducir hoy.*
Acabar de + infinitivo	Expresa una acción terminada hace poco.	***Acaba de** saltarse el semáforo en rojo.*
Seguir + gerundio	Expresa la continuidad de una acción.	*No **sigas** molestando, por favor.*
Estar + gerundio	Expresa una acción en desarrollo.	*Ahora **estoy** comiendo.*
Dejar de + infinitivo	Expresa la interrupción definitiva de una acción.	***Deja de** hablar y estudia.*
Volver a + infinitivo	Expresa la repetición de una acción.	*Me **han vuelto a** poner otra multa.*

GRAMÁTICA

LAS ORACIONES SUBORDINADAS

ORACIONES SUSTANTIVAS

VERBO PRINCIPAL	VERBO DE LA ORACIÓN SUSTANTIVA
Expresa entendimiento pensar, creer, opinar, imaginar, suponer... **Expresa transmisión de información** comunicar, decir, explicar, afirmar, contestar, contar...	**Que** + Indicativo En oración afirmativa o interrogativa. *Creo que **es** tan importante el cuerpo como el espíritu.* *¿(No) Crees que **es** tan importante el cuerpo como el espíritu?* **Con el verbo principal en Imperativo negativo.** *No creas que **es** tan importante el cuerpo como el espíritu.*
Expresa percepción ver, oír, observar, darse cuenta, notar, sentir...	**Que** + Subjuntivo En oración negativa. *No creo que **sea** tan importante el cuerpo como el espíritu.*
Expresa gustos y sentimientos gustar, encantar, alegrarse de, molestar, divertir, aburrir, lamentar, sentir, dar pena / rabia / miedo... **Expresa voluntad, mandato, prohibición, orden o deseo** querer, necesitar, desear, pedir, decir, rogar, ordenar, aconsejar, prohibir, dejar...	**Que** + Subjuntivo *No me gusta que me **obliguen** a hacer este trabajo.* *Me encantaba que mi padre me **leyera** historias.* *Necesito que me **ayudes**.* *Yo te aconsejo que lo **elijas**.*

OBSERVACIONES

* Hay algunos verbos con dos significados.
  Decir = comunicar (va con Indicativo): *Dice que **es** suyo.*
  Decir = pedir, aconsejar (va con Subjuntivo): *Dice que se lo **des**.*
  Sentir = notar, percibir (Indicativo): *Siento que aquí **hay** alguien.*
  Sentir = lamentar (Subjuntivo): *Siento que aquí no **haya** nadie.*

ORACIONES DE RELATIVO

ESTRUCTURA

Antecedente +	relativo	+ Indicativo (con antecedente conocido y específico)	*- Tú tienes una amiga **que es** camarera, ¿no?* *- Sí, ¿cómo lo sabes?*
		+ Subjuntivo (con antecedente no conocido ni específico)	*- ¿Tienes una amiga **que sea** camarera?* *- No.*

OBSERVACIONES

* Si el antecedente va **negado** o lleva el determinante **poco, a, os, as**, el verbo siempre va en Subjuntivo.
  *Hay pocas ciudades que **sean** tranquilas.*

GRAMÁTICA

PRONOMBRES RELATIVOS

Que	Es el más utilizado.	*Tengo una amiga **que** es recepcionista.*
El, la, los, las que	Se usa detrás de proposición. Si el antecedente no está expreso.	*Esta es la amiga **de la que** te hablé. Compramos **la que** más te guste.*
Lo que	Se usa para referirse a una afirmación anterior o a una idea.	***Lo que** podemos hacer es visitar primero la sala más interesante.*
Quien / quienes	Se usa solo para personas y equivale a **el, la, los, las que**.	*Esta es la amiga de **quien** te hablé.*
El, la, lo cual / los, las cuales	Se usa poco en la lengua hablada. En muchos casos equivale a QUE.	*Hay tres salas, **las cuales** pueden visitarse en cualquier orden.*
Cuyo, a, os, as	Siempre va entre dos sustantivos y expresa posesión o relación.	*En un lugar de la Mancha, de **cuyo** nombre no quiero acordarme.*

ADVERBIOS RELATIVOS

Con un antecedente se pueden sustituir por EN EL/LA/LOS/LAS QUE

Donde	Se refiere a lugares.	*Esta es la sala **donde** (en la que) expondrán el cuadro.*
Cuando	Se refiere a tiempo.	*¿Recuerdas la tarde **cuando** (en la que) fuimos al teatro?*
Como	Se refiere a modo.	*¡Qué guapa! Me encanta la forma **como** (en la que) vistes.*

ORACIONES DE RELATIVO CON PRONOMBRE INDEFINIDO

Algo **Alguien**	+ que	+ Indicativo (en oraciones afirmativas)	*Hay **algo que** te puede interesar. Aquí hay **alguien que** quiere conocerte.*
		+ Subjuntivo (en oraciones interrogativas)	*¿Hay **algo que** te guste en esta exposición? ¿Hay **alguien que** nos pueda informar?*
Nada **Nadie**	+ que	+ Subjuntivo	*No hay **nada que** me interese. ¿No hay **nadie que** pueda darme información?*

ORACIONES TEMPORALES

Conectores	Función	Ejemplo
Cuando	Presenta una acción como contemporánea a otra.	***Cuando** abrí la agencia de viajes, tenía muchos clientes.*
Mientras	Presenta dos acciones simultáneas.	*¿Le importa que el fotógrafo saque algunas fotos **mientras** dura la entrevista?*
Antes de (que)	Presenta una acción como anterior a otra.	*¿Me permite una última pregunta **antes de** terminar?*
Después de (que)	Presenta una acción como posterior a otra.	***Después de** leer el informe haré un resumen.*

GRAMÁTICA

Conectores	Función	Ejemplo
En cuanto **Tan pronto como**	Presenta una acción como inmediatamente posterior a otra.	*Un momento, por favor; **en cuanto** termine, les atenderé.*
Siempre que **Cada vez que**	Presenta una acción que se repite al mismo tiempo que otra.	***Siempre que** voy a la playa llueve.*
Desde que	Presenta una acción como el inicio de otra.	***Desde que** llegó Internet la comunicación ha cambiado.*
Hasta (que)	Presenta una acción como el final de otra.	*Quédate en casa **hasta que** yo vuelva.*

USOS DE LOS TIEMPOS VERBALES EN LAS ORACIONES TEMPORALES

Tiempo	Función	Ejemplo
Presente de Indicativo	Cuando hablamos de algo que sucede habitualmente.	*Cada vez que **salimos** de viaje nos pierden las maletas.*
Pretérito Indefinido	Cuando hablamos de una acción pasada.	*Cuando **abrí** la agencia de viajes, tenía muchos clientes.*
Pretérito Imperfecto	Cuando hablamos de una acción pasada habitual. Cuando señalamos una acción paralela a otra.	*Cuando **era** joven practicaba el esquí.* *Estaba leyendo su informe con detalle cuando **venía** para la agencia.*
Presente de Subjuntivo	Cuando hablamos de una acción futura.	*Cuando **ahorre** un poco de dinero podré salir de vacaciones.*

OBSERVACIONES

- El conector **antes de que** siempre va seguido de Subjuntivo.
  *Alquilaremos el apartamento antes de que **llegue** el verano.*
- Con los conectores **antes de, después de** y **hasta** se usa el Infinitivo cuando los sujetos de las dos oraciones son los mismos. Y se usa Que + Subjuntivo cuando los sujetos son diferentes.
  *Leeré el informe antes de **hacer** la entrevista.*
  *Leeré el informe antes de que **hagas** la entrevista.*

ORACIONES FINALES

Conectores	Verbo	Ejemplo
Para (que) **A fin de (que)** **Con el fin de (que)** **Con vistas a (que)**	+ infinitivo (mismo sujeto en las dos oraciones)	*Vamos a ir a tu casa **para** verte.*
Con el objeto de (que) **Con la intención de (que)**	+ Subjuntivo (distinto sujeto en las dos oraciones)	*Vamos a ir a tu casa **para que** no estés solo.*

OBSERVACIONES

- El conector más común es **para** y los demás conectores son de uso más culto.
  *¿Qué destino recomendaría **con el fin de que** podamos pasar unas vacaciones diferentes?*
- Tras el Imperativo es muy frecuente el uso del conector **que**.
  *Haz la reserva lo antes posible, **que** no te quedes sin billete.*

GRAMÁTICA

ORACIONES CONDICIONALES

ORACIÓN CONDICIONAL INTRODUCIDA POR SI

Tipos de condición	Tiempos verbales		Ejemplo
La acción es probable o posible en el presente o en el futuro.	Presente de Indicativo	Presente de Indicativo Futuro Imperativo	Si *viajas* más, *conoces* más gente. Si *cambias* de trabajo, *ganarás* más. Si *estás* enamorado, *cásate*.
La acción es poco probable o imposible en el presente o en el futuro.	Pretérito Imperfecto de Subjuntivo	Condicional simple	Si me *tocara* la lotería, *dejaría* de trabajar.
La acción no se produjo en el pasado.	Pretérito Pluscuamperfecto de Subjuntivo	Condicional Compuesto	Si lo *hubiera sabido* antes, te *habría comprado* un regalo.
La acción no se va a producir.	Pretérito Pluscuamperfecto de Subjuntivo	Condicional Simple	Si *hubieras venido*, ahora (o mañana) *estaríamos* juntos.

OTRAS ORACIONES CONDICIONALES

Conector		Significado	Ejemplo
Como	+ Subjuntivo	Advertencia o amenaza	*Como* no me llames, me enfadaré.
A condición de que **Siempre que** **Siempre y cuando** **Con tal de que**	+ Subjuntivo	Condición imprescindible	El médico me dijo que podía salir de vacaciones *siempre y cuando* no me cansara mucho.
A no ser que **A menos que** **Excepto que**	+ Subjuntivo	Condición negativa, equivale a SI NO...	No me sentiré libre *a menos que* me independice de mis padres. (= Si no me independizo de mis padres no me sentiré libre).

ORACIONES CAUSALES

Preguntar por la causa

De forma explícita y general	**¿Por qué?**	*¿Por qué* no me avisaste?
Con un matiz de sorpresa o extrañeza	**¿Cómo es que?**	*¿Cómo es que* no me avisaste?

Responder y explicar la causa

De forma neutra y precisa	**Porque** + Indicativo	No te avisé *porque* era un entierro íntimo.
	Como + Indicativo (siempre al principio de la frase)	*Como* era un entierro íntimo, no te avisé.
	Por + infinitivo / sustantivo / adjetivo / pronombre	La querían *por* ser tan simpática / su simpatía / simpática / ella misma.

GRAMÁTICA

Responder y explicar la causa

Para presentar una explicación como pretexto.	**Es que** + Indicativo	*Prefiero los 90. **Es que** yo soy más joven.*
Con un matiz más formal.	**Debido a (que), a causa de (que), ya que, puesto que, dado que**	*Fue un período muy duro para el país **debido a que** había escasez de todo.*
Con conectores al principio de la frase que indican que la causa es conocida.	**Ya que, puesto que, dado que**	***Ya que** te gustan tanto las fotos, te voy a enseñar un álbum.*
Rechazar una causa y explicar el verdadero motivo.	**No porque** + Subjuntivo, **sino porque** + Indicativo	*Fueron años maravillosos. **No porque** no hubiera crisis, **sino porque** llegaron aires más optimistas.*
Presenta una causa como algo bien aceptado.	**Gracias a**	*Consiguió el trabajo **gracias a** su preparación.*
Presenta una causa como algo mal aceptado.	**Por culpa de**	*Lo despidieron **por culpa de** su ineficacia.*

ORACIONES CONSECUTIVAS

Presentar una consecuencia		Ejemplos
Luego (presenta una deducción lógica) **Entonces** **Así (es) que** **O sea que** **Por eso** **Por (lo) tanto** **Por consiguiente** **En consecuencia**	+ Indicativo	*"Pienso, **luego** existo". (Descartes)* *Queremos que se entere mucha gente, **por eso** lo hemos publicado en el periódico.*

Presentar las conclusiones finales de un razonamiento		Ejemplos
De modo / manera que **Total, que** (coloquial)	+ Indicativo	*Perdió a su marido en la guerra, se quedó sola con tres hijos y tenía que sacarlos adelante. **De modo que** no le importó aceptar cualquier trabajo.*

Presentar una información como explicación de otra		Ejemplos
De ahí que	+ Subjuntivo	*Estamos enfadados contigo, **de ahí que** ninguno te hable.*
Tan + adjetivo / adverbio **que** **Tanto / tanta / tantos / tantas** + sustantivo **que** Verbo + **tanto que**	+ Indicativo + Subjuntivo (si el primer verbo está negado)	*En esta foto estoy **tan** mal **que** no se me reconoce. No estás **tan** mal **que** no se te reconozca.* *La carretera tenía **tantas** curvas, **que** el viaje se ha hecho muy largo. No tenía **tantas** curvas **que** no se pudiera conducir.* *Ha vivido **tanto que** tiene grandes experiencias que contar. No ha vivido **tanto que** tenga grandes experiencias que contar.*

GRAMÁTICA

ORACIONES CONCESIVAS

Las oraciones concesivas expresan un inconveniente para que se realice la acción, pero no la impiden.

Aunque las carreteras eran muy malas, nosotros siempre íbamos en coche.
    (inconveniente)   *(acción realizada)*

Aunque	+ Indicativo (se da una información que se presenta como nueva)	*Aunque las carreteras **son** malas, iremos en coche.* (Te informo de que son malas)
A pesar de que	+ Subjuntivo (se da una información que ya se ha presentado o que conocen el hablante y el oyente)	*Entonces, aunque las carreteras **sean** malas, ¿tú crees que debemos ir en coche?* (Recojo la información de antes. Ya sabemos que son malas)
A pesar de	+ Infinitivo / sustantivo	*A pesar de **estar** enfadada, siguió hablándome.* *A pesar de **su enfado**, siguió hablándome.*

ORACIONES COMPARATIVAS

Con adjetivos y adverbios

De superioridad: **Más** + adjetivo / adverbio + **que**	*El informe es **más** urgente **que** la entrevista.*
De inferioridad: **Menos** + adjetivo / adverbio + **que**	*Ese jersey es **menos** elegante **que** la chaqueta.*
De igualdad: **Tan** + adjetivo / adverbio + **como**	*El cuerpo es **tan** importante **como** el espíritu.*

Con sustantivos

De superioridad: **Más** + sustantivo + **que**	*Un científico tiene **más** influencia **que** un filósofo.*
De inferioridad: **Menos** + sustantivo + **que**	*Aquí hay **menos** libros **que** en tu casa.*
De igualdad: **Tanto, a, os, as** + sustantivo + **como**	*He escrito **tantas** páginas **como** tú.*

Con verbos

De superioridad: verbo + **más que**	*Has estudiado **más que** yo.*
De inferioridad: verbo + **menos que**	*Hemos trabajado **menos que** ayer.*
De igualdad: verbo + **tanto como**	*En la historia, la mujer ha influido **tanto como** (ha influido) el hombre.*

OBSERVACIONES

- Algunos adjetivos y adverbios tienen un comparativo de superioridad irregular:
  Bien / bueno: **mejor**.
  Mal / malo: **peor**.
  Grande (edad): **mayor**.
  Pequeño (edad): **menor**.

GRAMÁTICA

Oraciones comparativas condicionales

Como si **Igual que si** **Lo mismo que si** **Ni que** (más enfático, compara algo con una situación extrema)	+ Imperfecto de Subjuntivo Para comparar con algo presente. *Hablas de él **como si** fuera de tu familia.* *Dices que le quieres. ¡**Ni que** fuera tu novio!* + Pluscuamperfecto de Subjuntivo Para comparar con una acción pasada. *Hablas de él **como si** hubiera pertenecido a tu familia.* *Dices que le quieres. ¡**Ni que** hubiera sido tu novio!*

CUANTO MÁS / MENOS... MÁS / MENOS

Cuanto más / menos + verbo	En Indicativo: para hablar de hechos pasados o presentes.	*Cuanto más **vives**, más experiencias acumulas.* *Cuanto más **vivas**, más experiencias acumularás.*
Cuanto, a, os, as más / menos + sustantivo		*Cuantos más años **cumplo**, más joven me siento.* *Cuantos más años **cumplas**, más joven te sentirás.*
Cuanto más / menos + adjetivo o adverbio	En Subjuntivo: para hablar de hechos futuros.	*Cuanto más pequeño **es** el maletero, menos equipaje cabe.* *Cuanto más lejos **vivas**, menos nos veremos.*

GRAMÁTICA

EL ESTILO INDIRECTO EN PASADO

El estilo indirecto sirve para contar a otras personas lo que nos han dicho. Al reproducir las palabras de alguien adaptamos la frase a la nueva situación, por eso realizamos algunos cambios que afectan a los tiempos verbales y también a otras palabras.

CAMBIOS DE LAS PALABRAS

Los sujetos (*yo, él, nosotros...*).	*(Yo) lo recomiendo - Dijo que **él** lo recomendaba.*
Las referencias temporales (*hoy, mañana...*).	*Vendrá mañana - Dijo que vendría **al día siguiente**.*
Los posesivos y los demostrativos.	*Te dejo mi móvil - Dijo que le dejaba **su** móvil.*
Ciertos verbos relacionados con el espacio (*ir, venir, traer, llevar...*).	*Dile que venga - Dijo que **fueras**.*

CORRESPONDENCIAS DE TIEMPOS VERBALES

Estilo directo	Estilo indirecto (*Dijo / Ha dicho / Decía que...*)	Ejemplo
Presente	Imperfecto Presente	*- Esto no funciona.* *Dijo que esto no **funcionaba**.* *Dijo que esto no **funciona**.*
Pretérito Imperfecto	Pretérito Imperfecto	*- Antes iban con cables.* *Dijo que antes **iban** con cables.*
Pretérito Perfecto	Pretérito Perfecto Pretérito Pluscuamperfecto	*- Eso ha pasado a la historia.* *Dijo que eso **había pasado** a la historia.*
Pretérito Indefinido	Pretérito Pluscuamperfecto	*- Ayer se llevaron el último.* *Dijo que el día anterior se **habían llevado** el último.*
Pretérito Pluscuamperfecto	Pretérito Pluscuamperfecto	*- Yo había oído hablar del sistema.* *Dijo que él **había oído** hablar del sistema.*
Futuro	Condicional Futuro	*- En seguida nos traerán más.* *Dijo que en seguida les **traerían** más.* *Dijo que en seguida les **traerán** más.*
Condicional	Condicional	*- Tendría que esperar un poco.* *Dijo que **tendría** que esperar un poco.*
Imperativo	Presente de Subjuntivo Imperfecto de Subjuntivo	*- Venga a partir de mañana.* *Dijo que **vaya** a partir de hoy.* *Dijo que **fuera** a partir de hoy.*

VERBOS INTRODUCTORIOS

Los verbos **decir, explicar, preguntar** o **responder** sirven para reproducir las palabras de una persona de manera neutra. Pero hay otros verbos que permiten precisar las intenciones del que habla, y los usamos para expresar lo que hemos interpretado.

pedir, exigir, ordenar, sugerir, mandar, querer, dejar, permitir, prohibir, rogar, aconsejar, proponer.	+ *que* + Pretérito Imperfecto de Subjuntivo	*- ¿Puedes acompañarme?* *Me pidió que la acompañara.* *Me propuso que la acompañara* *Quiso que la acompañara.*

GRAMÁTICA

PASIVA Y *SE*

CONSTRUCCIONES PASIVAS

Construcción activa	*En Mali la sequía afecta a un millón de personas.* *Los españoles construyeron la catedral en el siglo XI.*	
Construcción pasiva	**Con SER** (Se pone de relieve la acción misma, su proceso)	**Con ESTAR** (Se pone de relieve el resultado de una acción anterior)
	En Mali un millón de personas son afectadas por la sequía todos los años. *La catedral fue construida en el siglo XI (por los españoles).*	*En Mali un millón de personas están afectadas por la sequía desde los últimos años.* *La catedral está construida desde el siglo XI.*

USOS DE *SE*

Pasiva refleja	**Se** + verbo en 3ª pers. sing. + Sujeto singular	**Construcción activa con CD sin preposición:** *Los pasajeros no corren peligro.* **Construcción pasiva refleja:** *No se corre peligro.*
	Se + verbo en 3ª pers. plur. + Sujeto plural	**Construcción activa con CD sin preposición:** *El gobierno mejora las escuelas.* **Construcción pasiva refleja:** *Se mejoran las escuelas.*
Impersonal	**Se** + 3ª persona del singular	**Construcción activa con CD con preposición:** *La universidad prepara a los profesores.* **Construcción impersonal:** *Se prepara a los profesores.*
SE reflexivo	Reflexivo: a sí mismo	*Julia se ducha cada mañana.*
SE recíproco	Recíproco: uno al otro	*Ernesto y Nuria se escriben cartas de vez en cuando.*
Voz media (o verbos de cambio)	*convertirse, volverse, hacerse, quedarse, ponerse...*	*El país se ha convertido en una potencia mundial.*
Con verbos pronominales	*despedirse, irse, arrepentirse, quejarse...*	*Andrés se despidió de Ramón porque se iba de Chile.*
Como variante de *le* o *les*	le / les + lo = **se lo** le / les + la = **se la** le / les + los = **se los** le / les + las = **se las**	*Tengo un regalo para que ~~le lo~~ lleves >* *Tengo un regalo para que se lo lleves.*

COMUNICACIÓN

- Dar y pedir información — 32
- Expresar conocimiento, actitudes y estados de ánimo — 35
- Proponer, ejercer influencia, persuadir — 39
- Relacionarse socialmente — 41
- Estructurar el discurso — 43
- Asegurarse la comunicación — 46

COMUNICACIÓN

DAR Y PEDIR INFORMACIÓN

EXPRESAR IMPERSONALIDAD

Se + 3ª persona singular	Para referirse a las personas en general.	*Aquí se vive mejor.*
3ª persona plural	Para referirse a las personas en general, sin incluir a los hablantes.	*En esta revista hablan del trabajo.*

EXPRESAR LA FRECUENCIA

Verbo SOLER		Para expresar frecuencia, podemos usar
Suelo / Sueles / Suele / Solemos / Soléis / Suelen	+ infinitivo	**+** siempre / casi siempre / generalmente / normalmente / a menudo / a veces / casi nunca (no + verbo + casi nunca) **−** nunca (no + verbo + nunca)

EXPRESAR LA CAUSA

Información + **porque** + causa (en medio de la frase)	*La película es buena **porque** es de Almodóvar.*
Como + causa, + información (al principio de la frase)	***Como** es de Almodóvar, la película es buena.*

EXPRESAR LA FINALIDAD

Para + infinitivo	*No tenemos tiempo **para** ver cómo funciona todo.*
Para que + Subjuntivo	*Pulse aquí **para que** se encienda el aparato.*

EXPRESAR LA CONDICIÓN

Si + Presente,	Presente	*Si traen los documentos, podemos firmar ahora.*
	Futuro	*Si alquilamos el piso, tendremos aire acondicionado.*
	Imperativo	*Si quiere más temperatura, gire esta rueda.*

CORREGIR UNA INFORMACIÓN: CONTRASTE *SINO* / *PERO*

Cuando se niega un elemento para cambiarlo por otro se emplea la estructura **no... sino...**	*No es (por) comodidad, **sino** (por) necesidad.* *La vivienda **no** es barata, **sino** cara.*
Si en la corrección añadimos el verbo se utiliza **no... sino que...**	*En España **no** estudian más de la mitad de los jóvenes, **sino que** estudian menos de la mitad.*
Se emplea **no... sino...** para reemplazar un elemento propuesto por otro.	*No hemos publicado una encuesta, **sino** una entrevista.*
Se emplea **no... pero...** cuando después de negar el primer elemento se habla de algo distinto.	*No he hecho nunca una videoconferencia, **pero** utilizo mucho el correo electrónico.*

COMUNICACIÓN

RELATAR

Para empezar una historia	Pues mira... Pues, nada, que... Resulta que... Te / Os cuento ¿Sabes una cosa? ¿Sabes que...?
Para contar un hecho	Ayer / anoche El otro día El lunes / martes } + Pretérito Indefinido La semana pasada Hace un año
Para describir una situación o una persona	Pretérito Imperfecto
Para introducir una acción importante	En ese momento De repente } + Pretérito Indefinido De pronto Entonces
Para expresar consecuencias	(Y) Por eso Así que Por lo tanto
Para terminar	Total, que... Y nada, que... Y al final...

EXPRESAR UNA ACCIÓN PASADA Y DURADERA

Pretérito Indefinido de ESTAR + gerundio	Pretérito Imperfecto de ESTAR + gerundio
Expresa una acción pasada y terminada que se desarrolló a lo largo de bastante tiempo. *Estuve estudiando portugués durante varios años.*	Expresa una acción pasada que ya había comenzado antes de cierto momento y siguió realizándose después. *Estaba estudiando en la Universidad cuando te conocí.*

EXPRESAR LA DURACIÓN DE UNA ACCIÓN COMENZADA EN EL PASADO

Llevar (en Presente)	un minuto, una hora una semana, un mes, un año	+ gerundio	***Llevo** un año trabajando.*
Desde hace		+ Presente	*Trabajo **desde hace** un año.*
Hace		+ **que** + Presente	***Hace** un año **que** trabajo.*

COMUNICACIÓN

SITUAR ACONTECIMIENTOS EN EL PASADO	
Hace + cantidad de tiempo Situar un acontecimiento en el pasado. *Mi hijo terminó la carrera **hace** dos años.*	**Al / a la / a los / a las** + cantidad de tiempo Situar un acontecimiento en el pasado con respecto a un acontecimiento anterior. ***A las** pocas semanas de terminar la carrera, encontró trabajo.*

SITUAR ACONTECIMIENTOS EN EL FUTURO	
Dentro de + cantidad de tiempo	***Dentro de** un año se celebrarán las Olimpiadas.*
En + cantidad de tiempo (expresa menor precisión) También expresa el tiempo que se tarda en hacer algo.	***En** poco tiempo se celebrarán las Olimpiadas.* *¿Has terminado el trabajo?* *Oye, esto no se hace **en** dos minutos.*

COMUNICACIÓN

EXPRESAR CONOCIMIENTO, ACTITUDES Y ESTADOS DE ÁNIMO

EXPRESAR GRADOS DE CERTEZA ANTE LOS HECHOS

+ SEGURIDAD	Deber de Tener que	+ Infinitivo
	Sí Creo que / Me parece que / Seguro que / Estoy seguro de que Es seguro que Supongo que / Me imagino que A lo mejor Igual	+ Indicativo
- SEGURIDAD	Probablemente / Posiblemente Seguramente Quizá(s) / Tal vez	+ Indicativo o Subjuntivo
	Es probable que / Es posible que Puede (ser) que	+ Subjuntivo
	No Seguro que no Estoy seguro de que no	+ Indicativo

EXPRESAR SEGURIDAD E HIPÓTESIS

Estamos seguros	Lo suponemos
Presente *¿Qué hora es? Son las diez.*	Futuro Imperfecto *¿Qué hora es? Serán las diez.*
Pretérito Perfecto *¿Por qué no ha venido? Ha olvidado la cita.*	Futuro Perfecto *¿Por qué no ha venido? Habrá olvidado la cita.*

EXPRESAR GUSTOS Y ESTADOS DE ÁNIMO

Preguntar

¿(No) Te gusta...?
¿No te encanta...?
¿Qué tal el / la...?

Responder

A mí A ti A él/ella/usted A nosotros, nosotras A vosotros, vosotras A ellos/ellas/ustedes	me te le nos os les	gusta encanta preocupa molesta da miedo pone nervioso/a	+ sustantivo + infinitivo + **que** + Presente de Subjuntivo	*Me preocupa tu salud.* *¿Te da miedo ir al dentista?* *Me encanta que me preparen la comida.*

COMUNICACIÓN
OBSERVACIONES

- Se utilizan las expresiones de sentimiento con infinitivo cuando la persona que realiza la acción y la que expresa el sentimiento es la misma.
  ¿Te da miedo ir al dentista?
  (A ti)   (tú)

- Se utilizan con Subjuntivo cuando la persona que realiza la acción y la que expresa el sentimiento son distintas.
  ¿Te da miedo que vayamos al dentista?
  (A ti)   (nosotros)

EXPRESAR DOLOR

Verbo *doler*

A mí A ti A él, a ella, a usted A nosotros, a nosotras A vosotros, a vosotras A ellos, a ellas, a ustedes	me te le	duele	+ sustantivo singular	¿Te duele la cabeza?
	nos os les	duelen	+ sustantivo plural	Le duelen los pies.

Tener dolor de + sustantivo	*Tengo dolor de cabeza.*
Otras expresiones	¡Qué mal! ¡Qué dolor! ¡Ay! ¡Eso duele! ¡Qué horror!	Estoy destrozado. Estoy deshecho. Estoy hecho polvo. Estoy fatal. Me estás haciendo daño.

EXPRESAR PREFERENCIAS

Preguntar	Responder
¿Prefieres...? ¿Qué / Cuál prefieres? ¿Qué te gusta más?	Prefiero... Me gusta más...

EXPRESAR DESEOS E INTENCIONES

Preguntar

¿(No) Quieres...?
¿(No) Tienes ganas de...?
¿(No) Deseas...?

Responder

Querer, esperar, desear + infinitivo (Cuando el sujeto de los dos verbos es el mismo).	*Quiero (yo) vivir (yo) con la gente.* *Deseamos irnos de vacaciones.*
Querer, esperar, desear + que + Subjuntivo (Cuando los sujetos de los dos verbos no son los mismos).	*Quiero (yo) que vivamos (nosotros) con la gente.* *Deseamos que os vayáis de vacaciones.*

COMUNICACIÓN

OBSERVACIONES

- Para expresar deseos y esperanzas también se usa la expresión **Ojalá (que)** + Presente de Subjuntivo.
  Ojalá (que) lleguen pronto las vacaciones.

- El Presente de Subjuntivo también se usa en **expresiones fijas** que sirven para expresar buenos deseos a los demás.

  - **En el cumpleaños**
    ¡Que cumplas muchos más!

  - **Cuando alguien se va de vacaciones**
    ¡Que te diviertas!
    ¡Que te vaya bien!
    ¡Que tengas buen viaje!
    ¡Que disfrutes!

  - **Desear suerte o despedirse**
    ¡(Que tengas) suerte!
    ¡Que te vaya bien!
    ¡Que (te) salga todo bien!

  - **Cuando alguien se va a dormir**
    ¡Que descanses!

  - **Cuando alguien está enfermo**
    ¡Que te mejores!

- El **Condicional** también se utiliza para expresar deseos con verbos como **gustar** o **encantar**.
  Me gustaría ver esa película.
  Me encantaría ir contigo.

EXPRESAR DESEOS POCO PROBABLES O IMPOSIBLES

Me Te Le Nos Os Les	gustaría encantaría	+ infinitivo (cuando el sujeto de los dos verbos es el mismo) + que + Pret. Imperf. de Subj. (cuando los sujetos de los dos verbos no son los mismos)	*Me gustaría estar en la playa.* *Me gustaría que estuviéramos en la playa.*
¡OJALÁ + Imperfecto de Subjuntivo!			*¡Ojalá estuviera ahora en la playa!*

EXPRESAR INTENCIONES

Presente + expresión de tiempo	*Mañana voy de excursión.*
Presente de **ir a** + infinitivo	*Voy a cambiarme de casa.*
Presente de **pensar** + infinitivo	*Pienso casarme pronto.*

EXPRESAR INTERÉS

Preguntar	Responder
¿(No) te interesa...?	(No) Me interesa (mucho)... (No) Es muy interesante...

EXPRESAR ESTADOS FÍSICOS Y DE ÁNIMO

Frases exclamativas	Estar + adjetivo			Tener + sustantivo		
¡Qué cansado/a estoy! ¡Qué harto/a estoy! ¡Qué sueño tengo! ¡Qué calor tengo!	(No) Estoy	muy	cansado/a	(No) Tengo	mucho	calor
			preocupado/a			sueño
		un poco	harto/a		nada de	miedo
			...			...

COMUNICACIÓN

EXPRESAR EXTRAÑEZA

¡Qué raro que...! Me extraña que... Me parece raro/extraño que... } + Subjuntivo	¡Qué raro que no venga / haya venido! Me extraña que salga / haya salido. Me parece raro que te guste / haya gustado.

EXPRESAR SORPRESA

Con fórmulas exclamativas	Con fórmulas interrogativas	Con la construcción Verbo (+ adjetivo) + *que* + Subjuntivo
¡Es increíble! ¡Es sorprendente! ¡Qué sorpresa! ¡Qué casualidad! ¡Qué me dices! ¡Me dejas de piedra / helado...! ¡No me lo puedo creer!	¿(Hablas) En serio? ¿Lo dices en serio? ¿Bromeas? ¿Estás de broma? ¿Cómo es posible? ¿De verdad? ¿Estás seguro/a?	Me sorprende que... Es / Resulta increíble que... No es posible que...

EXPRESAR GRATITUD

(Muchas) Gracias, (de verdad) Muy amable (de tú/su parte) Te/se lo agradezco muchísimo.	**Gracias por** + sustantivo *Gracias por tu ayuda.*

LAMENTARSE

Imperfecto del verbo **TENER** + **que** + infinitivo compuesto Sirve para lamentarnos de algo pasado.	*Tenía que haber parado en el stop y no tendría una multa.*
¡Por qué + Condicional!	*¡Por qué no pararía en el stop!*
Eso me / te / le... pasa por + infinitivo compuesto	*Eso me pasa por no haberme parado en el stop.*

COMUNICACIÓN

PROPONER, EJERCER INFLUENCIA, PERSUADIR

EXPRESAR OBLIGACIÓN Y PROHIBICIÓN

Obligación personal	Prohibición personal
Tener que + infinitivo *Tienes que aprobar el examen.* **Deber** + infinitivo *Debéis asistir a todas las clases.*	Imperativo negativo *No hables ahora.*

Obligación impersonal	Prohibición impersonal
Hay que + infinitivo *Hay que girar a la derecha.*	**(Está) Prohibido** + infinitivo *Está prohibido usar el móvil.* **No se puede** + infinitivo *No se puede fumar.*

HACER SUGERENCIAS Y ACONSEJAR

Imperativo	*Guarda el dinero en el banco, es más seguro.*
Debes + infinitivo	*Debes tranquilizarte.*
Tienes que + infinitivo	*Tienes que venir con nosotros, te vas a divertir.*
¿Por qué no + Presente?	*¿Por qué no haces más deporte?*

PEDIR ALGO

	Pedir permiso		Aceptar
Perdón, Por favor,	¿puedo...? ¿se puede...? ¿me permite(s)...?	+ infinitivo	Sí, claro. Sí, por supuesto. ¿Cómo no?

	Pedir un favor		Rechazar
Perdón, Por favor,	¿puede(s)...?	+ infinitivo	No, lo siento, es que... No puedo porque... Lo siento, pero...
	Pedir objetos		
Perdón, Por favor,	¿me deja(s)...? ¿puede(s) dejarme...? ¿tiene(s)...?	+ sustantivo	

OBSERVACIONES

* Para pedir algo de forma cortés se utiliza el **Condicional**.

Me / nos	gustaría, encantaría	que	+ Pretérito Imperfecto de Subjuntivo	*Me gustaría que compraras tú los billetes.*
Te / os / le / les	pediría, agradecería, rogaría...			*Te rogaría que sacaras la basura.*
Sería conveniente				*Sería conveniente que guardaran silencio.*
¿Te / os / le / les	importaría?			*¿Te importaría que te acompañara?*

COMUNICACIÓN

OFRECER AYUDA O UN SERVICIO

¿**Querer / desear + que** + Presente de Subjuntivo?	¿*Quieres que te acompañe?*

PEDIR Y DAR UN CONSEJO

Pedir consejo

No sé qué hacer. ¿Tú qué harías?
¿Qué harías en mi lugar?
¿Qué me aconsejas?

Dar un consejo

Con Imperativo	*Tómate unas vacaciones.*
Con perífrasis de obligación	*Tienes que descansar unos días.*
Con Condicional **Yo en tu/su lugar,** + Condicional **Yo que tú/usted,**	*Yo es su lugar, dejaría este trabajo.* *Yo que tú, pondría el aire acondicionado.*

CEDER LA ELECCIÓN AL INTERLOCUTOR

Cuando en la pregunta no se propone nada en concreto	¿*Qué hacemos hoy?* *Lo que tú quieras / prefieras.* ¿*Dónde quedamos?* *Donde tú quieras.* ¿*Cuándo nos vemos?* *Cuando tú quieras.* ¿*A quién llevamos en el coche?* *A quien tú prefieras.*	
	Masculino	**Femenino**
Cuando en la pregunta se propone algo en concreto	¿*Qué reloj te regalo?* *El que tú prefieras.*	¿*Qué película podemos ir a ver?* *La que tú quieras.*
Cuando en la pregunta se proponen una o varias opciones	¿*Vamos al cine hoy (o mañana)?* *Como quieras / prefieras.*	

COMUNICACIÓN

RELACIONARSE SOCIALMENTE

SALUDAR

Informal	Formal	Responder a un saludo
¡Hola! ¡Hola! ¿Cómo estás? ¡Hola! ¿Qué tal? ¿Qué tal (vas)? Me alegro de verte. ¡Cuánto tiempo (sin verte)! ¡Buenas!	Buenos días. Buenas tardes. Buenas noches.	Bien ¿y tú? Hola, ¿qué tal? / ¿cómo está(s)? (Muy) Bien, gracias ¿y tú? Estupendamente, y tú, ¿qué tal? Bien, gracias, (todo) bien, ¿y tú?

DESPEDIRSE

Informal	Formal
¡Adiós! ¡Hasta luego! Hasta otro día. Hasta la próxima. Nos vemos.	Adiós, buenos días / tardes / noches. Hasta mañana / el jueves / la semana que viene...

PRESENTAR A ALGUIEN

Informal	Formal
(Mira) Este/a es... Te / Os presento a... (Espera) Ven, que te presento/e a... ¿Te acuerdas (que te hablé) de...?	Le / les presento a... Me gustaría presentarle a... Quisiera presentarle a... ¿Me permite presentarle a...?

Responder	Responder
Hola, ¿qué tal? Hola, encantado/a.	Encantado de conocerlo / la. Mucho gusto. Es un placer (para mí) conocerlo / la (he oído hablar mucho de usted).

PRESENTARSE UNO MISMO

Informal	Formal
Hola, soy / me llamo... Hola, mi nombre es...	Buenos días / tardes / noches, me llamo... Buenos días / tardes / noches, ¿cómo están / se encuentran? Me llamo...

COMUNICACIÓN

LLAMAR LA ATENCIÓN DEL INTERLOCUTOR

Perdón.
Por favor.
Perdona / Perdone.
Disculpa / Disculpe.

Oiga, mire, perdone.
¿Me permite(s), por favor?
¿Sería usted tan amable?
¿Tiene(s) un minuto?

FELICITAR

En general	En el cumpleaños	En las fiestas y celebraciones
(Muchas) Felicidades. Enhorabuena. Buen trabajo. Magnífico / Estupendo / Fantástico...	¡Felicidades! Feliz cumpleaños. ¡Que cumplas muchos más!	Felices Pascuas. Feliz Navidad. Feliz Año Nuevo.

COMUNICACIÓN

ESTRUCTURAR EL DISCURSO

EXPONER UN TEMA

Anuncian el tema	Quiero contar... Me gustaría decir algo sobre...
Introducen la primera información	En primer lugar... Por un lado...
Continúan con otra información	Además... Por otro lado... En tercer lugar...
Dan una nueva información	Respecto a...
Introducen una idea opuesta a lo dicho antes	Pero... Sin embargo... No obstante...
Concluyen / finalizan	Por último... Para terminar... Para concluir...

PREGUNTAR LA OPINIÓN

¿Qué opinas / piensas / crees?
¿(A ti) Qué te parece?
¿Cuál es tu opinión sobre...?

EXPRESAR UNA OPINIÓN AFIRMATIVA

Para mí... A mi modo de ver... Por lo que veo... En mi opinión... Desde mi punto de vista...	+ Indicativo	*Para mí, el teatro es más interesante que el cine.*
Creo / opino / pienso (A mí) me parece Considero Yo diría No cabe la menor duda de Estoy convencido de Lo que yo creo es	+ **que** + Indicativo	*Estoy convencido de que la selva amazónica está en peligro.*

EXPRESAR UNA OPINIÓN NEGATIVA

No creo / no pienso (A mí) No me parece No considero No estoy convencido de Lo que yo no creo es	+ **que** + Subjuntivo	*No considero que el teatro sea más interesante que el cine.*

COMUNICACIÓN

EXPRESAR ACUERDO Y DESACUERDO

Acuerdo	Desacuerdo
(Estoy) De acuerdo con que... Por supuesto, es verdad que... Tienes razón en que... Yo opino lo mismo que tú. Yo lo veo igual.	No estoy de acuerdo con que... No tienes razón en que... ¡Qué va! Yo no lo veo así.

DESTACAR ALGO DE NUESTRA OPINIÓN

Lo más Lo menos	importante grave urgente necesario	**es** + infinitivo **es que** + oración **es** + nombre singular o plural **son** + nombre plural	*Lo más urgente es evitar los accidentes de tráfico.* *Lo más grave es que muchos conductores no respetan las señales de tráfico.* *Lo peor es el exceso de velocidad.* *Lo más importante es /son los peatones.*
Lo mejor Lo peor			

VALORAR

(A mí) Me parece Está	+ adverbio (*bien, mal*...)		*A mí me parece **mal** tener un animal exótico en casa.* *Está **bien** que no se permita el tráfico de animales en vías de extinción.*
(A mí) Me parece Es	+ adjetivo que emite juicio de valor (*indignante, increíble, trágico*...)	+ infinitivo + **que** + Subjuntivo	*Me parece **indignante** poner en peligro la vida de los animales.*
	+ sustantivo (*una pena, un error, una tragedia, una vergüenza*...)		*Es una **vergüenza** que en algunos países se vendan animales exóticos.*

CONSTATAR HECHOS (CONFIRMAR LO EVIDENTE)

Es evidente, seguro, cierto, indudable, obvio...	+ **que** + Indicativo	*Está **claro que** no son problemas fáciles de resolver.*
Está claro, visto, demostrado, comprobado...		

COMUNICACIÓN

ARGUMENTAR

Introducir el tema de opinión	Enumerar los argumentos	Justificar los argumentos	Concluir una argumentación
En mi opinión... Para mí... Mi opinión es que... Desde mi punto de vista...	**Primer argumento** Para empezar / comenzar... En primer lugar... Por un lado / una parte... **Segundo argumento** Para seguir... En segundo lugar... Por otro lado... **Otro argumento** Además... No hay que olvidar... **Argumento que se opone** Pero... Sin embargo...	**Dar ejemplos** Por ejemplo... **Expresar causa** Porque... Puesto que... Ya que...	**Concluir** En resumen... Para resumir... En conclusión... Por consiguiente... En definitiva...

INTERVENIR EN UN DEBATE

Intervenir, pedir la palabra	Expresar acuerdo	Matizar una opinión	Expresar desacuerdo
Perdona, pero... Perdona que te interrumpa, pero... ¿Me permites (que hable)? ¿Puedo hablar? ¿Puedo decir una cosa?	De acuerdo. Tienes razón. Es verdad / cierto. Claro / exacto / perfecto. Por supuesto. Desde luego (que sí).	Sí, pero... (Eso) Depende. Es posible, pero... Puede ser, pero... ¿Tú crees? Yo no estoy en contra, pero...	No estoy de acuerdo (con)... (Yo) No lo veo así. Eso no es así / verdad. ¡De eso, nada! ¡Qué va! Pero, ¿qué dices? No digas que...

COMUNICACIÓN

ASEGURARSE LA COMUNICACIÓN

EXPRESAR QUE ALGO NO SE ENTIENDE

No (te / le) entiendo.
¿Qué?
¿Cómo?
¿Perdón?
Perdona, no entiendo esa palabra / esa expresión / lo que has dicho.
¿Puede(s) repetir, por favor?
¿Qué ha(s) dicho?
¿Te / Le importaría repetirlo, por favor?

PEDIR UNA DEFINICIÓN O UNA ACLARACIÓN

(Perdón) ¿Qué significa...?
¿Qué es...?
¿Cómo se dice (en español)...?
¿Cómo se deletrea...?
¿Puede(s) deletrearlo?
¿Cómo se escribe...?
¿Puede(s) escribirlo, por favor?
¿Te / Le importaría escribirlo / deletrearlo, por favor?

INDICAR DESCONOCIMIENTO DE UNA PALABRA

No sé.
No sé cómo se dice / decís (en español).
No sé la palabra en español para lo que quiero decir.
No sé cómo llamáis a esto.

PEDIR A ALGUIEN QUE HABLE MÁS DESPACIO

Más despacio, por favor.
¿Puede(s) / Podría(s) hablar más despacio, por favor?
No tan rápido, por favor.
¿Te / Le importaría hablar más despacio, por favor?

CONFIRMAR QUE ALGO SE HA COMPRENDIDO

¿Comprende(s) (ahora)?
¿Me entiende(s)?
¿(Me) Ha(s) entendido / comprendido?
¿Está claro (ahora)?

VERBOS

- Verbos regulares — 48
- Verbos irregulares — 52

VERBOS

VERBOS REGULARES

PRIMER GRUPO: -AR

	INDICATIVO			
	Presente	Pretérito Imperfecto	Pretérito Indefinido	Futuro Imperfecto
HABLAR	hablo	hablaba	hablé	hablaré
Gerundio	hablas	hablabas	hablaste	hablarás
hablando	habla	hablaba	habló	hablará
Participio	hablamos	hablábamos	hablamos	hablaremos
hablado	habláis	hablabais	hablasteis	hablaréis
	hablan	hablaban	hablaron	hablarán

SEGUNDO GRUPO: -ER

	INDICATIVO			
	Presente	Pretérito Imperfecto	Pretérito Indefinido	Futuro Imperfecto
BEBER	bebo	bebía	bebí	beberé
Gerundio	bebes	bebías	bebiste	beberás
bebiendo	bebe	bebía	bebió	beberá
Participio	bebemos	bebíamos	bebimos	beberemos
bebido	bebéis	bebíais	bebisteis	beberéis
	beben	bebían	bebieron	beberán

TERCER GRUPO: -IR

	INDICATIVO			
	Presente	Pretérito Imperfecto	Pretérito Indefinido	Futuro Imperfecto
VIVIR	vivo	vivía	viví	viviré
Gerundio	vives	vivías	viviste	vivirás
viviendo	vive	vivía	vivió	vivirá
Participio	vivimos	vivíamos	vivimos	viviremos
vivido	vivís	vivíais	vivisteis	viviréis
	viven	vivían	vivieron	vivirán

VERBOS PRONOMINALES: LLAMARSE

	INDICATIVO			
	Presente	Pretérito Imperfecto	Pretérito Indefinido	Futuro Imperfecto
LLAMARSE	me llamo	me llamaba	me llamé	me llamaré
Gerundio	te llamas	te llamabas	te llamaste	te llamarás
llamándose	se llama	se llamaba	se llamó	se llamará
Participio	nos llamamos	nos llamábamos	nos llamamos	nos llamaremos
llamádose	os llamáis	os llamabais	os llamasteis	os llamaréis
	se llaman	se llamaban	se llamaron	se llamarán

VERBOS

VERBOS REGULARES

PRIMER GRUPO: -AR

INDICATIVO	SUBJUNTIVO			IMPERATIVO
Condicional Simple	Presente	Pretérito Imperfecto		
hablaría	hable	hablara	hablase	habla
hablarías	hables	hablaras	hablases	hable
hablaría	hable	hablara	hablase	—
hablaríamos	hablemos	habláramos	hablásemos	hablad
hablaríais	habléis	hablarais	hablaseis	hablen
hablarían	hablen	hablaran	hablasen	

SEGUNDO GRUPO: -ER

INDICATIVO	SUBJUNTIVO			IMPERATIVO
Condicional Simple	Presente	Pretérito Imperfecto		
bebería	beba	bebiera	bebiese	—
beberías	bebas	bebieras	bebieses	bebe
bebería	beba	bebiera	bebiese	beba
beberíamos	bebamos	bebiéramos	bebiésemos	—
beberíais	bebáis	bebierais	bebieseis	bebed
beberían	beban	bebieran	bebiesen	beban

TERCER GRUPO: -IR

INDICATIVO	SUBJUNTIVO			IMPERATIVO
Condicional Simple	Presente	Pretérito Imperfecto		
viviría	viva	viviera	viviese	—
vivirías	vivas	vivieras	vivieses	vive
viviría	viva	viviera	viviese	viva
viviríamos	vivamos	viviéramos	viviésemos	—
viviríais	viváis	vivierais	vivieseis	vivid
vivirían	vivan	vivieran	viviesen	vivan

VERBOS PRONOMINALES: LLAMARSE

INDICATIVO	SUBJUNTIVO			IMPERATIVO
Condicional Simple	Presente	Pretérito Imperfecto		
me llamaría	me llame	me llamara	llamase	—
te llamarías	te llames	te llamaras	llamases	llámate
se llamaría	se llame	se llamara	llamase	llámese
nos llamaríamos	nos llamemos	nos llamáramos	llamásemos	—
os llamaríais	os llaméis	os llamarais	llamaseis	llamaos
se llamarían	se llamen	se llamaran	llamasen	llámense

VERBOS

FORMACIÓN DE LOS TIEMPOS COMPUESTOS

FORMACIÓN DEL PRETÉRITO PERFECTO:

HABLAR		BEBER
Indicativo	Subjuntivo	Indicativo
he hablado	haya hablado	he bebido
has hablado	hayas hablado	has bebido
ha hablado	haya hablado	ha bebido
hemos hablado	hayamos hablado	hemos bebido
habéis hablado	hayáis hablado	habéis bebido
han hablado	hayan hablado	han bebido

FORMACIÓN DEL PRETÉRITO PLUSCUAMPERFECTO:

HABLAR		BEBER
Indicativo	Subjuntivo	Indicativo
había hablado	hubiera o hubiese hablado	había bebido
habías hablado	hubieras o hubieses hablado	habías bebido
había hablado	hubiera o hubiese hablado	había bebido
habíamos hablado	hubiéramos o hubiésemos hablado	habíamos bebido
habíais hablado	hubierais o hubieseis hablado	habíais bebido
habían hablado	hubieran o hubiesen hablado	habían bebido

FORMACIÓN DEL FUTURO PERFECTO: Futuro de HABER + Participio

HABLAR	BEBER	VIVIR
habré hablado	habré bebido	habré vivido
habrás hablado	habrás bebido	habrás vivido
habrá hablado	habrá bebido	habrá vivido
habremos hablado	habremos bebido	habremos vivido
habréis hablado	habréis bebido	habréis vivido
habrán hablado	habrán bebido	habrán vivido

VERBOS

FORMACIÓN DE LOS TIEMPOS COMPUESTOS

Presente de Indicativo o Subjuntivo del verbo HABER + Participio

BEBER	VIVIR	
Subjuntivo	Indicativo	Subjuntivo
haya bebido	he vivido	haya vivido
hayas bebido	has vivido	hayas vivido
haya bebido	ha vivido	haya vivido
hayamos bebido	hemos vivido	hayamos vivido
hayáis bebido	habéis vivido	hayáis vivido
hayan bebido	han vivido	hayan vivido

Pretérito Imperfecto de Indicativo o Subjuntivo del verbo HABER + Participio

BEBER	VIVIR	
Subjuntivo	Indicativo	Subjuntivo
hubiera o hubiese bebido	había vivido	hubiera o hubiese vivido
hubieras o hubieses bebido	habías vivido	hubieras o hubieses vivido
hubiera o hubiese bebido	había vivido	hubiera o hubiese vivido
hubiéramos o hubiésemos bebido	habíamos vivido	hubiéramos o hubiésemos vivido
hubierais o hubieseis bebido	habíais vivido	hubierais o hubieseis vivido
hubieran o hubiesen bebido	habían vivido	hubieran o hubiesen vivido

FORMACIÓN DEL CONDICIONAL PERFECTO: Condicional de HABER + Participio

HABLAR	BEBER	VIVIR
habría hablado	habría bebido	habría vivido
habrías hablado	habrías bebido	habrías vivido
habría hablado	habría bebido	habría vivido
habríamos hablado	habríamos bebido	habríamos vivido
habríais hablado	habríais bebido	habríais vivido
habrían hablado	habrían bebido	habrían vivido

VERBOS

VERBOS IRREGULARES

	INDICATIVO			
	Presente	**Pretérito Imperfecto**	**Pretérito Indefinido**	**Futuro Imperfecto**
ADQUIRIR Gerundio adquiriendo Participio adquirido	**adquiero** **adquieres** **adquiere** adquirimos adquirís **adquieren**	adquiría adquirías adquiría adquiríamos adquiríais adquirían	adquirí adquiriste adquirió adquirimos adquiristeis adquirieron	adquiriré adquirirás adquirirá adquiriremos adquiriréis adquirirán
CAER Gerundio cayendo Participio caído	**caigo** caes cae caemos caéis caen	caía caías caía caíamos caíais caían	caí **caíste** **cayó** **caímos** **caísteis** **cayeron**	caeré caerás caerá caeremos caeréis caerán
CONCLUIR Gerundio concluyendo Participio concluido	**concluyo** **concluyes** **concluye** concluimos concluís **concluyen**	concluía concluías concluía concluíamos concluíais concluían	concluí concluiste **concluyó** concluimos concluisteis **concluyeron**	concluiré concluirás concluirá concluiremos concluiréis concluirán
Se conjugan como **concluir**:	afluir, atribuir, autodestruirse, confluir, constituir, construir, contribuir, destituir, destruir, diluir,			
CONOCER Gerundio conociendo Participio conocido	**conozco** conoces conoce conocemos conocéis conocen	conocía conocías conocía conocíamos conocíais conocían	conocí conociste conoció conocimos conocisteis conocieron	conoceré conocerás conocerá conoceremos conoceréis conocerán
Se conjugan como **conocer**:	desconocer, reconocer, etc.			
CONTAR Gerundio contando Participio contado	**cuento** **cuentas** **cuenta** contamos contáis **cuentan**	contaba contabas contaba contábamos contabais contaban	conté contaste contó contamos contasteis contaron	contaré contarás contará contaremos contaréis contarán
Se conjugan como **contar**:	acordar, acostar, aprobar, colar, comprobar, consolar, costar, demostrar, desaprobar, descontar, despoblar,			
DAR Gerundio dando Participio dado	**doy** das da damos dais dan	daba dabas daba dábamos dabais daban	**di** diste **dio** dimos disteis dieron	daré darás dará daremos daréis darán

VERBOS

VERBOS IRREGULARES

INDICATIVO	SUBJUNTIVO			IMPERATIVO
Condicional Simple	Presente	Pretérito Imperfecto		
adquiriría	**adquiera**	adquiriera	adquiriese	—
adquirirías	**adquieras**	adquirieras	adquirieses	**adquiere**
adquiriría	**adquiera**	adquiriera	adquiriese	**adquiera**
adquiriríamos	adquiramos	adquiriéramos	adquiriésemos	—
adquiriríais	adquiráis	adquirierais	adquirieseis	adquirid
adquirirían	**adquieran**	adquirieran	adquiriesen	**adquieran**
caería	**caiga**	**cayera**	**cayese**	—
caerías	**caigas**	**cayeras**	**cayeses**	cae
caería	**caiga**	**cayera**	**cayese**	**caiga**
caeríamos	**caigamos**	**cayéramos**	**cayésemos**	—
caeríais	**caigáis**	**cayerais**	**cayeseis**	caed
caerían	**caigan**	**cayeran**	**cayesen**	**caigan**
concluiría	**concluya**	**concluyera**	**concluyese**	—
concluirías	**concluyas**	**concluyeras**	**concluyeses**	**concluye**
concluiría	**concluya**	**concluyera**	**concluyese**	**concluya**
concluiríamos	**concluyamos**	**concluyéramos**	**concluyésemos**	—
concluiríais	**concluyáis**	**concluyerais**	**concluyeseis**	concluid
concluirían	**concluyan**	**concluyeran**	**concluyesen**	**concluyan**
disminuir, distribuir, excluir, fluir, imbuir, incluir, influir, inmiscuir, instituir, instruir, huir, intuir, obstruir, prostituir, recluir, reconstituir, reconstruir, redistribuir, restituir, retribuir, sustituir, etc.				
conocería	**conozca**	conociera	conociese	—
conocerías	**conozcas**	conocieras	conocieses	conoce
conocería	**conozca**	conociera	conociese	**conozca**
conoceríamos	**conozcamos**	conociéramos	conociésemos	—
conoceríais	**conozcáis**	conocierais	conocieseis	conoced
conocerían	**conozcan**	conocieran	conociesen	**conozcan**
contaría	**cuente**	contara	contase	—
contarías	**cuentes**	contaras	contases	**cuenta**
contaría	**cuente**	contara	contase	**cuente**
contaríamos	contemos	contáramos	contásemos	—
contaríais	contéis	contarais	contaseis	contad
contarían	**cuenten**	contaran	contasen	**cuenten**
encontrar, mostrar, poblar, probar, recontar, recordar, recostar, renovar, resonar, rodar, sobrevolar, soldar, soltar, sonar, soñar, superpoblar, tostar, tronar, volar, etc.				
daría	**dé**	**diera**	**diese**	—
darías	des	**dieras**	**dieses**	da
daría	**dé**	**diera**	**diese**	**dé**
daríamos	demos	**diéramos**	**diésemos**	—
daríais	deis	**dierais**	**dieseis**	dad
darían	den	**dieran**	**diesen**	den

VERBOS

	INDICATIVO			
	Presente	Pretérito Imperfecto	Pretérito Indefinido	Futuro Imperfecto
DECIR Gerundio diciendo Participio dicho	**digo** **dices** **dice** decimos decís dicen	decía decías decía decíamos decíais decían	**dije** **dijiste** **dijo** **dijimos** **dijisteis** **dijeron**	**diré** **dirás** **dirá** **diremos** **diréis** **dirán**
DORMIR Gerundio durmiendo Participio dormido	**duermo** **duermes** **duerme** dormimos dormís **duermen**	dormía dormías dormía dormíamos dormíais dormían	dormí dormiste **durmió** dormimos dormisteis **durmieron**	dormiré dormirás dormirá dormiremos dormiréis dormirán
ENTENDER Gerundio entendiendo Participio entendido	**entiendo** **entiendes** **entiende** entendemos entendéis **entienden**	entendía entendías entendía entendíamos entendíais entendían	entendí entendiste entendió entendimos entendisteis entendieron	entenderé entenderás entenderá entenderemos entenderéis entenderán
Se conjugan como **entender**:	atender, condescender, defender, desatender,			
ESTAR Gerundio estando Participio estado	**estoy** **estás** **está** estamos estáis **están**	estaba estabas estaba estábamos estabais estaban	**estuve** **estuviste** **estuvo** **estuvimos** **estuvisteis** **estuvieron**	estaré estarás estará estaremos estaréis estarán
HABER Gerundio habiendo Participio habido	**he** **has** **ha** **hemos** habéis **han**	había habías había habíamos habíais habían	**hube** **hubiste** **hubo** **hubimos** **hubisteis** **hubieron**	**habré** **habrás** **habrá** **habremos** **habréis** **habrán**
HACER Gerundio haciendo Participio hecho	**hago** haces hace hacemos hacéis hacen	hacía hacías hacía hacíamos hacíais hacían	**hice** **hiciste** **hizo** **hicimos** **hicisteis** **hicieron**	**haré** **harás** **hará** **haremos** **haréis** **harán**
IR Gerundio yendo Participio ido	**voy** **vas** **va** **vamos** **vais** **van**	iba ibas iba íbamos ibais iban	fui fuiste fue fuimos fuisteis fueron	iré irás irá iremos iréis irán

VERBOS

INDICATIVO	SUBJUNTIVO			IMPERATIVO
Condicional Simple	Presente	Pretérito Imperfecto		
diría	diga	dijera	dijese	—
dirías	digas	dijeras	dijeses	di
diría	diga	dijera	dijese	diga
diríamos	digamos	dijéramos	dijésemos	—
diríais	digáis	dijerais	dijeseis	decid
dirían	digan	dijeran	dijesen	digan
dormiría	**duerma**	durmiera	durmiese	—
dormirías	**duermas**	durmieras	durmieses	duerme
dormiría	**duerma**	durmiera	durmiese	duerma
dormiríamos	**durmamos**	durmiéramos	durmiésemos	—
dormiríais	**durmáis**	durmierais	durmieseis	dormid
dormirían	**duerman**	durmieran	durmiesen	duerman
entendería	**entienda**	entendiera	entendiese	—
entenderías	**entiendas**	entendieras	entendieses	entiende
entendería	**entienda**	entendiera	entendiese	entienda
entenderíamos	entendamos	entendiéramos	entendiésemos	—
entenderíais	entendáis	entendierais	entendieseis	entended
entenderían	**entiendan**	entendieran	entendiesen	**entiendan**
descender, desentenderse, encender, extender, perder, tender, trascender, etc.				
estaría	**esté**	estuviera	estuviese	—
estarías	**estés**	estuvieras	estuvieses	está
estaría	**esté**	estuviera	estuviese	esté
estaríamos	estemos	estuviéramos	estuviésemos	—
estaríais	estéis	estuvierais	estuvieseis	estad
estarían	**estén**	estuvieran	estuviesen	estén
habría	**haya**	**hubiera**	**hubiese**	—
habrías	**hayas**	**hubieras**	**hubieses**	he
habría	**haya**	**hubiera**	**hubiese**	haya
habríamos	**hayamos**	**hubiéramos**	**hubiésemos**	—
habríais	**hayáis**	**hubierais**	**hubieseis**	habed
habrían	**hayan**	**hubieran**	**hubiesen**	hayan
haría	**haga**	**hiciera**	**hiciese**	—
harías	**hagas**	**hicieras**	**hicieses**	haz
haría	**haga**	**hiciera**	**hiciese**	haga
haríamos	**hagamos**	**hiciéramos**	**hiciésemos**	—
haríais	**hagáis**	**hicierais**	**hicieseis**	haced
harían	**hagan**	**hicieran**	**hiciesen**	hagan
iría	**vaya**	fuera	fuese	—
irías	**vayas**	fueras	fueses	ve
iría	**vaya**	fuera	fuese	vaya
iríamos	**vayamos**	fuéramos	fuésemos	—
iríais	**vayáis**	fuerais	fueseis	id
irían	**vayan**	fueran	fuesen	vayan

VERBOS

	INDICATIVO			
	Presente	**Pretérito Imperfecto**	**Pretérito Indefinido**	**Futuro Imperfecto**
JUGAR Gerundio jugando Participio jugado	**juego** **juegas** **juega** jugamos jugáis **juegan**	jugaba jugabas jugaba jugábamos jugabais jugaban	**jugué** jugaste jugó jugamos jugasteis jugaron	jugaré jugarás jugará jugaremos jugaréis jugarán
LEER Gerundio leyendo Participio leído	leo lees lee leemos leéis leen	leía leías leía leíamos leíais leían	leí **leíste** **leyó** **leímos** **leísteis** **leyeron**	leeré leerás leerá leeremos leeréis leerán
Se conjugan como **leer**:	creer, poseer, proveer, releer, etc.			
NACER Gerundio naciendo Participio nacido	**nazco** naces nace nacemos nacéis nacen	nacía nacías nacía nacíamos nacíais nacían	nací naciste nació nacimos nacisteis nacieron	naceré nacerás nacerá naceremos naceréis nacerán
OBEDECER Gerundio obedeciendo Participio obedecido	**obedezco** obedeces obedece obedecemos obedecéis obedecen	obedecía obedecías obedecía obedecíamos obedecíais obedecían	obedecí obedeciste obedeció obedecimos obedecisteis obedecieron	obedeceré obedecerás obedecerá obedeceremos obedeceréis obedecerán
Se conjugan como **obedecer**:	abastecer, aborrecer, acaecer, acontecer, adormecer, agradecer, amanecer, anochecer, aparecer, apetecer, atardecer, carecer, compadecer, comparecer, crecer, desaparecer, desfallecer, desfavorecer, desmerecer, desobedecer, desvanecer, embellecer, embrutecer, empequeñecer, empobrecer, enaltecer, enardecer,			
OÍR Gerundio oyendo Participio oído	**oigo** **oyes** **oye** **oímos** oís **oyen**	oía oías oía oíamos oíais oían	oí **oíste** **oyó** **oímos** oísteis **oyeron**	oiré oirás oirá oiremos oiréis oirán
OLER Gerundio oliendo Participio olido	**huelo** **hueles** **huele** olemos oléis **huelen**	olía olías olía olíamos olíais olían	olí oliste olió olimos olisteis olieron	oleré olerás olerá oleremos oleréis olerán

VERBOS

INDICATIVO	SUBJUNTIVO			IMPERATIVO
Condicional Simple	Presente	Pretérito Imperfecto		
jugaría	**juegue**	jugara	jugase	—
jugarías	**juegues**	jugaras	jugases	**juega**
jugaría	**juegue**	jugara	jugase	**juegue**
jugaríamos	**juguemos**	jugáramos	jugásemos	—
jugaríais	**juguéis**	jugarais	jugaseis	jugad
jugarían	**jueguen**	jugaran	jugasen	**jueguen**
leería	lea	**leyera**	**leyese**	—
leerías	leas	**leyeras**	**leyeses**	lee
leería	lea	**leyera**	**leyese**	lea
leeríamos	leamos	**leyéramos**	**leyésemos**	—
leeríais	leáis	**leyerais**	**leyeseis**	leed
leerían	lean	**leyeran**	**leyesen**	lean
nacería	**nazca**	naciera	naciese	—
nacerías	**nazcas**	nacieras	nacieses	nace
nacería	**nazca**	naciera	naciese	**nazca**
naceríamos	**nazcamos**	naciéramos	naciésemos	—
naceríais	**nazcáis**	nacierais	nacieseis	naced
nacerían	**nazcan**	nacieran	naciesen	**nazcan**
obedecería	**obedezca**	obedeciera	obedeciese	—
obedecerías	**obedezcas**	obedecieras	obedecieses	obedece
obedecería	**obedezca**	obedeciera	obedeciese	**obedezca**
obedeceríamos	**obedezcamos**	obedeciéramos	obedeciésemos	—
obedeceríais	**obedezcáis**	obedecierais	obedecieseis	obedeced
obedecerían	**obedezcan**	obedecieran	obedeciesen	**obedezcan**

encarecer, endurecer, enfurecer, engrandecer, enloquecer, enorgullecer, enrarecerse, enriquecer, enrojecer, ensombrecer, enternecer, entristecer, envejecer, establecer, estremecer, fallecer, favorecer, florecer, fortalecer, languidecer, merecer, ofrecer, oscurecer, padecer, palidecer, parecer, perecer, permanecer, pertenecer, prevalecer, reaparecer, recrudecer, rejuvenecer, resplandecer, restablecer, etc.

oiría	**oiga**	**oyera**	**oyese**	—
oirías	**oigas**	**oyeras**	**oyeses**	oye
oiría	**oiga**	**oyera**	**oyese**	**oiga**
oiríamos	**oigamos**	**oyéramos**	**oyésemos**	—
oiríais	**oigáis**	**oyerais**	**oyeseis**	oíd
oirían	**oigan**	**oyeran**	**oyesen**	**oigan**
olería	**huela**	oliera	oliese	—
olerías	**huelas**	olieras	olieses	**huele**
olería	**huela**	oliera	oliese	**huela**
oleríamos	olamos	oliéramos	oliésemos	—
oleríais	oláis	olierais	olieseis	oled
olerían	**huelan**	olieran	oliesen	**huelan**

VERBOS

	INDICATIVO			
	Presente	**Pretérito Imperfecto**	**Pretérito Indefinido**	**Futuro Imperfecto**
PEDIR Gerundio pidiendo Participio pedido	**pido** **pides** **pide** pedimos pedís **piden**	pedía pedías pedía pedíamos pedíais pedían	pedí pediste **pidió** pedimos pedisteis **pidieron**	pediré pedirás pedirá pediremos pediréis pedirán
Se conjugan como **pedir**:	competir, concebir, derretir, despedir, desvestir,			
PENSAR Gerundio pensando Participio pensado	**pienso** **piensas** **piensa** pensamos pensáis **piensan**	pensaba pensabas pensaba pensábamos pensabais pensaban	pensé pensaste pensó pensamos pensasteis pensaron	pensaré pensarás pensará pensaremos pensaréis pensarán
Se conjugan como **pensar**:	acertar, acrecentar, alentar, apretar, arrendar, atravesar, calentar, cerrar, concertar, confesar, desalentar, encerrar, encomendar, enmendar,			
PODER Gerundio pudiendo Participio podido	**puedo** **puedes** **puede** podemos podéis **pueden**	podía podías podía podíamos podíais podían	**pude** **pudiste** **pudo** **pudimos** **pudisteis** **pudieron**	**podré** **podrás** **podrá** **podremos** **podréis** **podrán**
PONER Gerundio poniendo Participio **puesto**	**pongo** pones pone ponemos ponéis ponen	ponía ponías ponía poníamos poníais ponían	**puse** **pusiste** **puso** **pusimos** **pusisteis** **pusieron**	**pondré** **pondrás** **pondrá** **pondremos** **pondréis** **pondrán**
QUERER Gerundio queriendo Participio querido	**quiero** **quieres** **quiere** queremos queréis **quieren**	quería querías quería queríamos queríais querían	**quise** **quisiste** **quiso** **quisimos** **quisisteis** **quisieron**	**querré** **querrás** **querrá** **querremos** **querréis** **querrán**
REÍR Gerundio riendo Participio reído	**río** **ríes** **ríe** **reímos** reís **ríen**	reía reías reía reíamos reíais reían	reí **reíste** **rió** **reímos** **reísteis** **rieron**	reiré reirás reirá reiremos reiréis reirán
Se conjugan como **reír**:	freír , refreír, sonreír, etc.			

VERBOS

INDICATIVO	SUBJUNTIVO			IMPERATIVO
Condicional Simple	Presente	Pretérito Imperfecto		
pediría	pida	pidiera	pidiese	—
pedirías	pidas	pidieras	pidieses	pide
pediría	pida	pidiera	pidiese	pida
pediríamos	pidamos	pidiéramos	pidiésemos	—
pediríais	pidáis	pidierais	pidieseis	pedid
pedirían	pidan	pidieran	pidiesen	pidan

embestir, expedir, gemir, impedir, investir, medir, rendir, repetir, servir, travestirse, vestir, etc.

pensaría	piense	pensara	pensase	—
pensarías	pienses	pensaras	pensases	piensa
pensaría	piense	pensara	pensase	piense
pensaríamos	pensemos	pensáramos	pensásemos	—
pensaríais	penséis	pensarais	pensaseis	pensad
pensarían	piensen	pensaran	pensasen	piensen

ensangrentar, desconcertar, despertar, desterrar, empedrar, enterrar, escarmentar, gobernar, helar, manifestar, mentar, merendar, nevar, recalentar, recomendar, remendar, repensar, reventar, sembrar, sentar, serrar, subarrendar, temblar, tentar, etc.

podría	pueda	pudiera	pudiese	—
podrías	puedas	pudieras	pudieses	puede
podría	pueda	pudiera	pudiese	pueda
podríamos	podamos	pudiéramos	pudiésemos	—
podríais	podáis	pudierais	pudieseis	poded
podrían	puedan	pudieran	pudiesen	puedan

pondría	ponga	pusiera	pusiese	—
pondrías	pongas	pusieras	pusieses	pon
pondría	ponga	pusiera	pusiese	ponga
pondríamos	pongamos	pusiéramos	pusiésemos	—
pondríais	pongáis	pusierais	pusieseis	poned
pondrían	pongan	pusieran	pusiesen	pongan

querría	quiera	quisiera	quisiese	—
querrías	quieras	quisieras	quisieses	quiere
querría	quiera	quisiera	quisiese	quiera
querríamos	queramos	quisiéramos	quisiésemos	—
querríais	queráis	quisierais	quisieseis	quered
querrían	quieran	quisieran	quisiesen	quieran

reiría	ría	riera	riese	—
reirías	rías	rieras	rieses	ríe
reiría	ría	riera	riese	ría
reiríamos	riamos	riéramos	riésemos	—
reiríais	riáis	rierais	rieseis	reíd
reirían	rían	rieran	riesen	rían

VERBOS

	INDICATIVO			
	Presente	Pretérito Imperfecto	Pretérito Indefinido	Futuro Imperfecto
SABER Gerundio sabiendo Participio sabido	**sé** sabes sabe sabemos sabéis saben	sabía sabías sabía sabíamos sabíais sabían	**supe supiste supo supimos supisteis supieron**	**sabré sabrás sabrá sabremos sabréis sabrán**
SALIR Gerundio saliendo Participio salido	**salgo** sales sale salimos salís salen	salía salías salía salíamos salíais salían	salí saliste salió salimos salisteis salieron	**saldré saldrás saldrá saldremos saldréis saldrán**
SENTIR Gerundio sintiendo Participio sentido	**siento sientes siente** sentimos sentís **sienten**	sentía sentías sentía sentíamos sentíais sentían	sentí sentiste **sintió** sentimos sentisteis **sintieron**	sentiré sentirás sentirá sentiremos sentiréis sentirán
Se conjugan como **sentir**:	adherir, advertir, arrepentirse, asentir, conferir, consentir, convertir, desmentir, diferir, digerir,			
SER Gerundio siendo Participio sido	**soy eres es somos sois son**	era eras era éramos erais eran	**fui fuiste fue fuimos fuisteis fueron**	seré serás será seremos seréis serán
TENER Gerundio teniendo Participio tenido	**tengo tienes tiene** tenemos tenéis **tienen**	tenía tenías tenía teníamos teníais tenían	**tuve tuviste tuvo tuvimos tuvisteis tuvieron**	**tendré tendrás tendrá tendremos tendréis tendrán**
TRADUCIR Gerundio traduciendo Participio traducido	**traduzco** traduces traduce traducimos traducís traducen	traducía traducías traducía traducíamos traducíais traducían	**traduje tradujiste tradujo tradujimos tradujisteis tradujeron**	traduciré traducirás traducirá traduciremos traduciréis traducirán
Se conjugan como **traducir**:	conducir, deducir, inducir, introducir, producir,			

VERBOS

INDICATIVO	SUBJUNTIVO			IMPERATIVO
Condicional Simple	Presente	Pretérito Imperfecto		
sabría	sepa	supiera	supiese	—
sabrías	sepas	supieras	supieses	sabe
sabría	sepa	supiera	supiese	sepa
sabríamos	sepamos	supiéramos	supiésemos	—
sabríais	sepáis	supierais	supieseis	sabed
sabrían	sepan	supieran	supiesen	sepan
saldría	salga	saliera	saliese	—
saldrías	salgas	salieras	salieses	sal
saldría	salga	saliera	saliese	salga
saldríamos	salgamos	saliéramos	saliésemos	—
saldríais	salgáis	salierais	salieseis	salid
saldrían	salgan	salieran	saliesen	salgan
sentiría	sienta	sintiera	sintiese	—
sentirías	sientas	sintieras	sintieses	siente
sentiría	sienta	sintiera	sintiese	sienta
sentiríamos	sintamos	sintiéramos	sintiésemos	—
sentiríais	sintáis	sintierais	sintieseis	sentid
sentirían	sientan	sintieran	sintiesen	sientan

disentir, divertir, herir, hervir, ingerir, interferir, invertir, mentir, pervertir, preferir, ingerir, presentir, proferir, reconvertir, referir, requerir, sugerir, transferir, etc.

sería	sea	fuera	fuese	—
serías	seas	fueras	fueses	sé
sería	sea	fuera	fuese	sea
seríamos	seamos	fuéramos	fuésemos	—
seríais	seáis	fuerais	fueseis	sed
serían	sean	fueran	fuesen	sean
tendría	tenga	tuviera	tuviese	—
tendrías	tengas	tuvieras	tuvieses	ten
tendría	tenga	tuviera	tuviese	tenga
tendríamos	tengamos	tuviéramos	tuviésemos	—
tendríais	tengáis	tuvierais	tuvieseis	tened
tendrían	tengan	tuvieran	tuviesen	tengan
traduciría	traduzca	tradujera	tradujese	—
traducirías	traduzcas	tradujeras	tradujeses	traduce
traduciría	traduzca	tradujera	tradujese	traduzca
traduciríamos	traduzcamos	tradujéramos	tradujésemos	—
traduciríais	traduzcáis	tradujerais	tradujeseis	traducid
traducirían	traduzcan	tradujeran	tradujesen	traduzcan

reconducir, reducir, reproducir, etc.

VERBOS

	INDICATIVO			
	Presente	Pretérito Imperfecto	Pretérito Indefinido	Futuro Imperfecto
TRAER Gerundio trayendo Participio traído	**traigo** traes trae traemos traéis traen	traía traías traía traíamos traíais traían	**traje trajiste trajo trajimos trajisteis trajeron**	traeré traerás traerá traeremos traeréis traerán
Se conjugan como **traer**:	abstraer, atraer, contraer, distraer, extraer, sustraer, etc.			
VALER Gerundio valiendo Participio valido	**valgo** vales vale valemos valéis valen	valía valías valía valíamos valíais valían	valí valiste valió valimos valisteis valieron	**valdré valdrás valdrá valdremos valdréis valdrán**
Se conjuga como **valer**:	equivaler.			
VENIR Gerundio viniendo Participio venido	**vengo vienes viene** venimos venís **vienen**	venía venías venía veníamos veníais venían	**vine viniste vino vinimos vinisteis vinieron**	**vendré vendrás vendrá vendremos vendréis vendrán**
VER Gerundio viendo Participio visto	veo ves ve vemos veis ven	veía veías veía veíamos veíais veían	**vi viste vio vimos visteis vieron**	veré verás verá veremos veréis verán

VERBOS

INDICATIVO	SUBJUNTIVO			IMPERATIVO
Condicional Simple	Presente	Pretérito Imperfecto		
traería	traiga	trajera	trajese	—
traerías	traigas	trajeras	trajeses	trae
traería	traiga	trajera	trajese	**traiga**
traeríamos	traigamos	trajéramos	trajésemos	—
traeríais	traigáis	trajerais	trajeseis	traed
traerían	traigan	trajeran	trajesen	**traigan**
valdría	valga	valiera	valiese	—
valdrías	valgas	valieras	valieses	vale
valdría	valga	valiera	valiese	**valga**
valdríamos	valgamos	valiéramos	valiésemos	—
valdríais	valgáis	valierais	valieseis	valed
valdrían	valgan	valieran	valiesen	**valgan**
vendría	venga	viniera	viniese	—
vendrías	vengas	vinieras	vinieses	ven
vendría	venga	viniera	viniese	**venga**
vendríamos	vengamos	viniéramos	viniésemos	—
vendríais	vengáis	vinierais	vinieseis	venid
vendrían	vengan	vinieran	viniesen	**vengan**
vería	vea	viera	viese	—
verías	veas	vieras	vieses	ve
vería	vea	viera	viese	vea
veríamos	veamos	viéramos	viésemos	—
veríais	veáis	vierais	vieseis	ved
verían	vean	vieran	viesen	vean